今そこにある超リアル！

異次元ワールドとの遭遇

布施泰和

Yasukazu Fuse

SEIKO SHOBO

（はじめに）

「目に見えない世界」を見るために

今そこにある異次元ワールド

〝目に見えない世界〟は、私たちのすぐそばにある。目に見えない世界と言っても、空気や、顕微鏡を使わなければ見えない原子の世界のことではない。私たちの通常の知覚を超えた領域にある世界、異次元ワールドのことだ。

そのことに地球の科学者も気づきはじめているように思える。宇宙の成分で私たちが知っている普通の物質は原子など五％に過ぎないということが、WMAP（ウィルキンソン・マイクロ波背景放射非等方性探査衛星）の観測によってわかってきたからだ。最新の理論物理学では、私たちの宇宙のすぐ近くに、あるいは文字通り私たちの目と鼻の先に、平行宇宙（パラレルワールド）があり、重力子だけが行き交っている（重力だけが影響を及ぼし合っている）のではないかという仮説すら出てきた。

もちろん一つの説であり、立証した人はいない。ではどうして、そういう仮説が生まれたかと言うと、天文学者が宇宙を観測していくうちに、渦巻銀河の回転速度や、銀河団の中の個々の銀河の運動速度が、目に見える物質の重力だけでは説明できないことに気がついたからにほかならない。

銀河系円盤の回転速度は、外側へいくほど中心方向に引かれる力が弱くなり、回転速度が遅くなるはずである。ところが天体観測によって、銀河系円盤の回転速度は、中心部を除いてどこでもほぼ一定であることがわかっている。ならば、光で見えない物質が銀河の端のずっと外側まで存在するはずだと考えたのだ。銀河や銀河団はこの「目には見えないが重力を及ぼす何か」に覆われており、その「何か」のことを「ダークマター（暗黒物質）」と呼んだ。

理論上、このダークマターは可視光を発していないため、観測することはできない。ところが私たちのすぐそばの空間に存在するのである。

そして、さらに科学者を驚かせたのは、宇宙の七二％が完全に未知の形態のエネルギーで占められていることであった。彼らはこのエネルギーを「ダークエネルギー（暗黒エネルギー）」と呼んだ。

こうした天文学の動きと連動するように、一九九〇年代に理論物理学は「ひも理論」から大きな発展を遂げ、宇宙の基本要素は高次元空間に浮かぶ膜のようなものではないかとする「ブレーン（BRANE：英語の membrane《メンブランス》＝「膜」に由来する造語）」の世界が考えられるようになった。私たちが住む四次元時空（三次元の世界に時間を加えた世界）を一つのブレーンと仮定、そのブレーンの外には、私たちが行き来することのできない「第五の次元」が広がっているとしたのである。

その理論によると、面白いことにすべての原子、すべての生命体、あらゆる天体、そして光すらも、ブレーンの外に出ることはできない。ただし、重力子だけはブレーンの外に広がる高次元の時空全体を自由に移動できるのだという。高次元時空には、私たちの住むブレーンとは別のブレーン（平行宇宙）もあり、もしかしたらそうした別のブレーンが複数ある「多重宇宙（マルチユニバース）」も想定されているのである。

では、重力子以外には高次元時空を自由に行き来できないのか、という質問に対しては、現代の科学はまだ明確な答えを用意していないように思われる。なぜ私がこのような質問を提示するかと言うと、現代の科学が自然界にあるとしている四つの力（重力、強い力、弱い力、電磁気力）以外にも別の力があるのではないかと思わずにいられないからだ。

それが「第五の力」ともいうべき、現象としては確認されつつあるのに、いまだ科学では解明されていない不思議な力、人間（生物）の念によって生じる未知の力だ。

NHKテレビで放映された本物の超能力

そう考えるようになった発端は一九八九年に放映されたNHKの科学番組「サイエンスQ」の「超能力は存在するか：徹底解剖・気功の謎」であった。

当時ビデオを録《と》り忘れたので、どこかでビデオが手に入らないかなと探していたら、取材先の気功研究機関が持っており、ダビングさせてもらった。

番組は超能力者の清田益章《きよたますあき》氏に対する実験の場面から始まる。アクリル板で囲んだ中に二〇〇グラムの分銅を二個吊るしておく。清田氏はその分銅に向かって外から念を送ると、分銅が動き出す。アクリル板の上に置いた水は水平を保っているので、アクリル板が揺れているのではなく分銅だけが動いていることがわかるのである。

続いて登場するのは、中国気功術の第一人者である趙偉《ちょうい》氏だ。実験はNHKのスタジオ内で、すべてNHK側が道具や材料を用意して実施された。NHKスタッフのほかに、佐々木茂美氏（機械工学）、品川嘉也氏（生理学）といった大学教授や作曲家三木たかし氏ら有識者も実験に立ち会った。

風の影響を排除するため、アクリル板で衝立《ついたて》のような囲いをつくり、その中にロウソクを趙氏の側から見て縦に六本並べる。趙氏は一番手前のロウソクから約一メートル離れた場所に立ち、そこから右手を伸ばしてロウソクに向かって気を飛ばす。趙氏の指先と手前のロウソクとの間は三十センチほどである。次の瞬間、ロウソクの炎が次々と倒れていく。その倒れ方も変わっている。一本一本が別々の方向へ、しかも時間をかけてゆっくりと順番に倒れていくのである。もし風がロウソクの炎を倒したのであれば、炎は同じ方向へ、タイム差なしに倒れるはずであった。

気の力で、炎は確かに倒れたのである。では物体ではどうか。今度はさらに実験条件を厳しくして、自分の吐く息などが影響を与えないよう、念のために趙氏の顔にマスクをつけて実施された。

同様にアクリル板の中にディスクを吊るして、五十センチ離れた場所から趙氏に気を込めてもらう。するとすぐにディスクが動いたのである。気の力で物体も動くことが確認された。スタジオ内がどよめいた。

趙氏は膨らんで硬くなっている自分の腹から胸にかけて実験者に触るように言いながら、説明した。「気というエネルギーを腹にためて、右手から出すのです」

未知のエネルギーの存在

番組は、気功によって生じる超常現象を認めたうえで、気の正体に迫っていく。

最初に、気功師が気を出しているとみられる手に注目。手の温度変化を、サーモグラフィーを使って調べた。気功師が気を入れると、手の平の温度がどんどん上がっていく。十五分後には三度以上温度が上がっていた。気功師は、手を動かさずに意識を変えるだけで皮膚温度を上げてしまったのだ。

実験では同時に、毛細血管の血液の量を測定した。気を入れて二分後、血流量は上がり始め、四分後には血流量が二倍を超えた。指先の血管が開いて、明らかに血流が増えていた。このことは、気功師が自律神経をコントロールできることを示していた。当然、普通の人にはこのような芸当はできない。

気功師の手で起こる変化はわかった。でもこれだけでは、気で物体が動かすことの説明はできない。そこで番組では仮説を立てた。物体を動かす力は、手から放射される磁気ではないか、と。

磁気を測定する実験では、気功師が気を入れた瞬間、測定器の針が大きく振れた。目を動かすなど通常の筋肉の動きから発生する磁気の五〇〇倍の数値であった。人間が思いっきり筋肉に力を入れたときに出る磁気に比べても段違いに大きく、常識をはるかに超えた数値であった。しかし、これだけの磁気の量をもってしても、上から吊るされたディスクを動かすほどのエネルギーはない。

次の仮説として、番組は光粒子の存在を挙げた。現在の科学では、動植物が活動する際に光を出すことがわかっている。たとえば大豆は、水をやった直後から光を出しながら成長する。もしかしたら気功師の手から出る光の粒子が物体を動かしているのかもしれない。

気功師の手から出る光を測定した。気を入れる前から光は出ていたが、気を入れた瞬間、光はさらに増えて二倍に跳ね上がった。気を抜くと、元の値に戻っていった。普通の人では光の量を増やすことはできなかった。だが、この光の量をもってしても、物体を動かすほどではない。

同様に赤外線についても測定したが、エネルギーとして物体を動かすことは期待できない量であった。

気は目に見えるようなエネルギーではないのかもしれない。

そこで番組は、これまでとはまったく異なる仮説を立てたのであった。

鍵を握る脳波、念の力

その仮説とは次のようなものだ。

「気はエネルギーで受け手を動かしていない。信号で動かしている」

その仮説を証明するため、気功師から気を受けたときの受け手の変化を測定した。人間は体温があるので一定の赤外線を出している。実験では、気功師と受け手の指先の赤外線の量を測った。すると、受け手が気功師から気を受けるやいなや、赤外線の量が一気に増加。気功師の赤外線の増加量と気を受けた人の増加量が対応していることもわかった。つまり、気功師と受け手の間で「同調」という現象が起こったのである。

気は相手の状態を変える信号なのか。電子工学を専門とする東北大学・稲場文男教授（当時）は、気は人間の状態を変化させるトリガー（引き金）の役目があるのかもしれないと推測する。

信号であれば、神経系に直接作用しているはずである。気は脳に作用することになる。そこで、気功師と受け手の頭にそれぞれ十六の電極をつけて、脳波の測定をすることにした。

気功師が後ろから気を入れる。驚いたことに、気を入れているときの気功師の脳波の波形スパイラルは、癲癇《てんかん》患者の発作時に見られる波形と同じであった。普通なら気を失って倒れてしまうような波形だった。また、気功師のアルファ波にも変化が起きた。最初は後頭部に出ていたアルファ波が、気を入れると左の脳を中心に脳全体へと広がった。

一方、受け手は気を入れた瞬間からアルファ波が出ることがわかった。そのアルファ波の分布状態を見ると、最初は後頭部に出ていたアルファ波が気を受けると前頭部へと広がることがわかった。気功師と受け手の脳波が同調していたのである。気功師五人、受け手十四人を対象に同じ実験をしても、九〇%以上の確率で同様な結果が得られたという。

脳波の同調現象が実験で確認された。この同調を引き起こすのが気の正体である。しかしながら、人間同士、あるいは生物同士であればこの信号説も当てはまるが、人間と物との間でも同じことが言えるのかという疑問は残る。

大根を包丁で切るのは、力を加えるというエネルギーで切るわけだが、信号説では大根に切られろと信号を送るだけで大根が真二つになることも証明しなければならない。番組ではここまでが限界であった。それでも、これまでのテレビ番組と異なり、かなり超能力の謎に迫ることができたのである。

いずれは人間の念が、物体との間でも同調現象のようなものを発生させ、分子レベルで物体が変化するよう「信号」を送っていることが確認される日が来るかもしれない。超常現象の研究はまだ、緒《ちょ》に就《つ》いたばかりなのである。

地球の科学も、目に見えない世界や未知のエネルギーが私たちの周りにあることに気がついてきた。ただし私は短絡的に、この科学者が認めはじめた目に見えない世界が、科学者が認めようとしない霊界だとかUFOの世界であるなどと断定するつもりは毛頭ない。

私が本書で試みるのは、今の科学では説明できない現象、もしくは通常は目に見えない現象を詳細に分析して仮説を立てるという作業である。超常現象は、頭から否定するのではなく、個々のケースを検証する必要がある。したがって、何でもかんでも脳の作り出したまやかしであるとか、錯覚であるなどとするつもりもなければ、すべてが超常現象であると妄信することもない。偏見を持たず、だが妄信もせず――。本来、科学はそういうものであったはずだ。

もし現代の科学者が本当に宇宙の神秘を知ろうとするのならば、すぐ身近にあり、いまだ解決されていない超能力や気の科学的解明が不可欠であることに気がつくべきであると、切に思う。そのためのきっかけを本書が提示できれば、幸甚である。

〈登場人物紹介〉

本書に登場する人物はすべて実在するが、個人的な理由から本名ではなくハンドルネーム等になっている人もいる。

布施泰和◉筆者。元共同通信社記者で、白山菊理姫のハンドルネームを持つ。『「竹内文書」の謎を解く』などの著作がある。http://plaza.rakuten.co.jp/yfuse/

佐々木茂美◉現代の科学でまだ解明されていない超常現象について研究している日本サイ科学会の会長。電気通信大学名誉教授。http://homepage3.nifty.com/PSIJ/

晴美鳥◉筆者のブログ仲間で、静岡県在住の写真愛好家。筆者と一緒にビク石に登ったときに「妖精」の写真が撮れた。http://plaza.rakuten.co.jp/50wokoeteikiru/

furafuran◉筆者のパートーナー。北海道出身で、筆者と同じ「前世」の「記憶」を持っている。http://plaza.rakuten.co.jp/earthangel22supi/

秋山眞人◉国際気能法研究所所長。前世リーディングなどの「特殊な能力」がある。精神世界の重鎮的存在。http://www.makiyama.jp/index.html

トーマ・イタル◉精神世界の達人というハンドルネームをもつセラピスト。パワーリフティングの「世界チャンピオン」になったこともある。http://www.tomaatlas.com/

ひめのゆめ◉波動を読み、エネルギー等を調整するスピリチュアル・ワーカー。京都市在住。http://plaza.rakuten.co.jp/himenoyume/

喜楽天道◉ひめのさんとともに各地を旅してエネルギー等の調整をしているスピリチュアル・ワーカー。http://plaza.rakuten.co.jp/kiraku7ten/

山口博◉筆者に竹内文書を紹介した元富山大学文学部教授。富山の尖山ピラミッド説を唱えた。専門は万葉集。

武藤安隆◉池袋ＹＭ心理センターを主宰。催眠療法を中心とした心理療法を実践している。http://www.ymsh-inri.com/

陰陽師Ｓ◉未来の映像や霊を見ることができる、furafuranさんの友達。女性だが男っぽい言葉を使う。

内田秀男◉故人。一九二一〜一九九五年。電気技術者。オーラ・メーターの開発者で、オーラや霊などの超常現象を科学的に解明しようとした。

マダム白鳥◉ニックネームは白鳥沙斗実。筆者のブログ仲間で、特殊なスピリチュアル鑑定をするチャネラーでもある。http://plaza.rakuten.co.jp/33788/

（もくじ）

異次元ワールドとの遭遇

はじめに 「目に見えない世界」を見るために

第1章 オーブと妖精

第2章 UFOと宇宙人

第3章 スピリチュアルワーカーと愛の波動

第4章 前世の記憶と転生のシステム①

第5章　前世の記憶と転生のシステム②

第6章　予知と人間の未来

第7章 〈オーラと内田式オーラ測定器〉

第8章 ストーンヘンジとピラミッド

第9章 素粒子と異次元ワールド

あとがき

（本文写真提供）布施泰和
（カバー写真提供）Pal Hermansen/Getty Images
（装幀）フロッグキングスタジオ
（図版作製）ホープカンパニー

（第1章）オーブと妖精

現れた巨大オーブ

世の中には「オーブ」という光の玉のようなものが存在し、どうやらそれがデジカメに写るらしいと聞いて久しい。確かに私も時々、丸い光の写った写真を撮ったことがあったが、それは逆光で撮影した光の乱反射とか、フラッシュの光を反射した雨の雫《しずく》とか、レンズに付着した埃《ほこり》とかが写り込んだのだろうぐらいにしか思っていなかった。

ところが、である。二〇〇七年に私がコンパクトデジカメを購入して写真を撮り始めると、レンズの埃や太陽光の乱反射では説明できないような光の玉のようなものが写るようになったのである。

最初の衝撃的な写真は、二〇〇八年五月に仲間三人と岐阜県の位山《くらいやま》を登っているときに撮影した。位山に登ることになったのには、変わった経緯があった。その経緯については後の章で詳しく説明することにして、早速オーブと思われる巨大な光の玉の写真を紹介しよう〔**写真①**〕。

私が山頂近くの蔵立岩《くらたていわ》の写真を撮ったところ、ちょうど写真中央に強烈な光を放っている丸い光が写ったのだ。私はそれを見た瞬間、その空間に鏡でも置いてあって、フラッシュの光が反射したのかと思ったぐらいであった。もちろん、その空間には光を反射する鏡のようなものは一切なかった。確かに小雨は降っていた。フラッシュも焚《た》いた。だがそれは明らかに、これまで撮影したことのあった雨の雫がフラッシュを反射した写真ではなかった。雨雫の反射なら、このように大きくは写らないのだ。大きく写ったとしても、ピンボケでぼやけている。

後日、私は知り合いのプロの写真家にこの写真を見てもらった。すると、このような写真は見たこともなければ、撮ったこともない、と彼は言う。なぜこのような写真が写ったのか、見当も付かないということであった。

私はもう一度、写真を詳しく調べてみた。面白いのは、写真のちょうど中央に、まるで測ったように光の玉が現れていることであった。しかも蔵立岩という立て札の「蔵」という字の前

写真① 岐阜県の位山山中で撮影された巨大オーブ。

に移動して出現しているように見える。それこそ記念撮影のようではないか。もしそうだとしたら、この光の玉は写真の中央に写り込むために、わざわざそこに現れたとも考えられる。つまり、何らかの意志なり知性なりをもった存在ということになる。そのような光の玉がこの世界に本当に存在するのだろうか。

人間の意識に反応

現代の科学では説明できない、こうした現象について研究している機関が、日本サイ科学会（会長・佐々木茂美電気通信大学名誉教授）である。日本サイ科学会が二〇〇六年十月に開催した創立三十周年記念大会は、まさにこのオーブに関する「世界初の本格的シンポジウム」であった。大会には私も出席したが、オーブという不思議な現象に関して、多方面からの報告と議論が行われた。

冒頭に挨拶した佐々木茂美会長によると、オーブは人間の意識に反応し、情報を伝えることができるという特徴があるのだという。肉眼を使わず意識で見る、あの世の世界を映す鏡の像であるとの説をとっていた。

面白かったのは、オーブとの意識交流による実験に成功したという、気功ヒーラー薄葉《うすば》達夫《たつお》氏による「超意識体としてのオーブ」という講演であった。薄葉氏はオーブに頼んで、ろうそくの炎の形を変えたり、光の帯のシンクロ現象を起こしたりすることに成功したとして、その証拠写真をスライドを使って発表した。オーブは、意識で光を操ることができるだけでなく、フラッシュの光を吸引したり、オーブノイズという音を出したりすることができるということであった。

また薄葉氏らは、オーブが集合意識体で、最小単位を「分身ブローブ」と呼び、その一つ一つにも個性があるのではないかと考えていた。

他の研究者の発表では、オーブには核などの構造があること、オーブは通常一〇センチほどの光の玉に見え、最小単位のブローブは数ミリの光の粒に見えること、ただし、大きさも形も自由に変えられること、光のオーブだけでなくブラックホールのように黒いオーブも存在することなどの報告が提示された。

テレビ関係者からは、その年の二月に米テレビ局CBSが報道番組で取り上げたという「オーブのビデオ」も披露された。そのビデオには、壁や人間を通り抜けて自由自在に空間を飛び回る、数センチぐらいの大きさの無数の丸い光が写っていた。別のテレビ関係者からは、普通のビデオで写らない場合でも赤外線カメラでは写るとの報告もあった。

一方、オーブだと思われる写真の中には、逆光で撮影した場合のハレーション・内面反射だったり、雨の水滴だったり、雪だったりする場合もあるので、一つ一つ検証していく必要があるとの指摘もあった。

最後の討論では、オーブは人間の意識と交流することができ、彼らの世界では意識が実体で、肉体は虚像に映るのだという佐々木会長の持論が再び展開された。

シンポジウムで発表された内容は驚くべきものであった。特にオーブが人間の意識に反応する意識体であるとしている点は実に面白かった。しかしまさかその一年半後に、私自身があの強烈に光り輝くオーブを撮影するなどとはその時は思っていなかった。しかも私が撮影したオーブは、当時のシンポジウムで発表された、どのオーブよりも強烈な輝きを放っており、雨粒や雪がフラッシュに反射したものでないことは明白だった。

ここで、雨粒がフラッシュに反射したと思われる、私が撮影した光体の写真も紹介しておこう。フラッシュを焚かないと雨に煙る白糸の滝が写っているだけだが、フラッシュ撮影すると、この通り、光の玉が現れる〔**写真②、③**〕。

もしかしたら、この中に本物のオーブも写り込んでいるかもしれないが、私には判断できない。少なくとも、雨粒がフラッシュを反射して光の玉のように写るケースもあることは間違いないようだ。

羽根の生えたオーブ

位山で巨大な光体を撮影してから三カ月後、今度はより驚くような光体が写真上に出現することになった。二〇〇八年八月、静岡県に住むブログ仲間の晴美鳥《はるみどり》さんと静岡県のビク石（石谷山）に登ったときのことである。登山道に入って間もないところにある林の中の巨石を撮影

写真② フラッシュを焚かないで撮影した写真。オーブらしきものは写っていない。

写真③ フラッシュを焚いて撮影した写真。オーブらしきものが写っている。

したところ、何と「羽根の生えたオーブ」ともいえる発光体が写っていたのだ。

それがこちらの写真である〔**写真④**〕。まるで童話「ピーターパン」に出てくるティンカーベルではないか。想像の産物と思われた妖精がまさか実在するとでもいうのだろうか。

このように不思議な写真を撮ったからには、様々な人の意見を聞かなければならないと思い、再び知り合いの写真家ら多くの人に見てもらった。するとやはり、このような写真は見たことがない、という意見が大勢であった。

それにしても、この羽根の生えたオーブのような光はいったい何なのだろうか。私は居ても立っても居られなくなり、超常現象に詳しい国際気能法研究所の秋山眞人《まこと》所長に位山とビク石で撮った不思議な写真を鑑定してもらった。以下はそのときの一問一答である。


――この写真（位山・蔵立岩で撮影したオーブの写真）を見てください。これは何ですか。

「鮮明に写っていますね。オーブに間違いないですね。どこで撮られたんですか」

――位山です。

「ピラミッドですね。こういう場所が日本に残っているんですね」

――位山はピラミッドなんですか。

「そうです。磐座《いわくら》があって、太陽石があって、入り口に板状の石（祭壇石《さいだんせき》）がある。ピラミッドの本殿か拝殿であることは間違いありません。位山の近くに拝殿のようなところがありますか」

――位山の頂上と祭壇石を結んだ方向に拝殿と思われる山があります。

「そうですか。ならば、位山がピラミッドの本殿ですね」

――この光の玉から何かわかりますか。

「……竜巻、天狗……カチャトロフという古い言葉が聞こえますが、よくわかりません。私も同じような写真を持っています。ある場所で七福神の弁財天が現れたので、いま写真を撮れば写るよ、と言って撮ってもらったものです」（蔵立岩で撮ったのと同じように明るい光が写った写真を見せ

写真④ 晴美鳥さんのそばに羽根の生えたオーブのような光が写っていた。

る）

――同じような大きな光の玉が写っていますが、秋山氏には弁財天の影像として見えたのですか。

「ええ、影像化して見えます」

――オーブとは何ですか。霊魂、エネルギー？

「情報が詰まった因子みたいなものでしょうか。でも光っているのでエネルギーでもあるんですね。エネルギー体……霊界因子と呼ぶときもあります」

正体はピクシーだった⁉

霊界因子！　なんとも面白い呼び方である。秋山氏によると、この因子にアクセスすると龍神や七福神などの影像を見たり、彼らと話したりすることができるのだという。まさに、この世と霊界を結ぶ因子なのだろうか。そう言えば、佐々木会長も「オーブは、普段は目に見えない別の世界とこの世とを結びつける一つのファクター（要素）である」と言っていたことを思い出していた。二人の言っていることは、同じことであるに違いなかった。

次に私は、問題の羽根の生えたオーブの写真を見てもらった。

――静岡県のビク石で、ティンカーベルのような写真を撮ったので見てください。

「ティンカーベルですか。ちょっと見せてください。（**写真⑤**を見る）ああ、これはよく写っていますね。妖精に間違いないですね」

――やはり妖精ですか。

「ええ、西洋ではピクシーと呼ばれている小さな妖精です。鹿みたいな顔をしています」

――鹿のような顔!?　羽根が生えた天使みたいな妖精ではないのですか。

「ええ、鹿みたいな顔です。描いてあげましょう」

（ルーペを取り出して、写真を見ながらスケッチを始める）

「こんな形をしています」

私はその絵〔**写真⑥**〕を見て、驚いた。ティンカーベルの

写真⑥　秋山眞人氏がスケッチした妖精のピクシー。

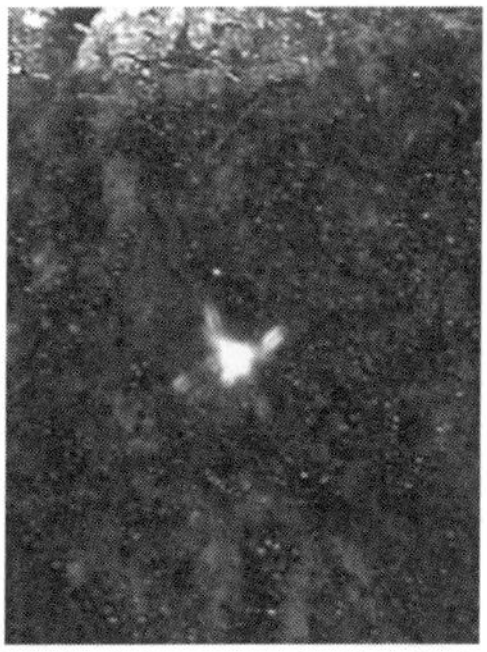

写真⑤　羽根の生えたオーブの拡大写真。

ような妖精を想像していたのが、予想外の耳の大きな小人の姿だったからだ。

――ええっ！　秋山さんにはこのように見えるのですか。顔も足も見えるのですか。

「ええ、このように見えます」

――この妖精は男ですか、女ですか、それとも性別はないのですか。

「性別はありません。かなり古くからいる妖精みたいですね。若い妖精ではありません」

――実はその後すぐ、水飲み場でもこのような変なものが写っていたのですが（**写真⑦**を見せる）。

「これも同じ妖精が写っています。ずっと後を付いてきていたんですね」

――なぜ、私たちに付いてきたんですか。

「興味があったみたいですね」

（実際に存在した妖精たち）

ここで一応、ピクシーについても説明しておこう。ピクシーは、イギリスのコーンウォール地方など主に南西部の民間伝承に登場する悪戯《いたずら》好きの小妖精だ。闇でも光る目、反った鼻、尖った耳が特徴で、多くの場合、緑色の服やマントを着て、尖《とん》がり帽子を被っているという。

秋山氏が描いた妖精の絵は、確かにマントを着たピクシーのように見える。帽子こそ被っていないが、尖った耳やちょっと反ったような鼻などは、ピクシーの特徴をよく捉えているのではないだろうか。

この秋山氏の話が本当だとしたら、ただの想像上の生き物だと思っていた妖精は昔から存在していたことになる。いや、妖精だけではない。龍神や七福神、天使なども実在しており、秋山氏のような能力者には大昔から見えていたからこそ、それを絵に描いたり、伝承してきたりしたことになるのではないか。

するとやはりオーブは霊界因子であり、佐々木会長が言うように、この世界と目に見えないあちら側の世界とを結ぶ要素となるのであろうか。どうりで、人間の意識に反応し、情報を伝えてくるはずである。彼らは目に見えない世界の住人であり、私たちの世界のすぐそばに共存している。そして時々どういう理由か、この二つの世界は交錯し、見えない世界の住人たちはオーブや半透明の幽霊などとして写真に写されたり、目撃され

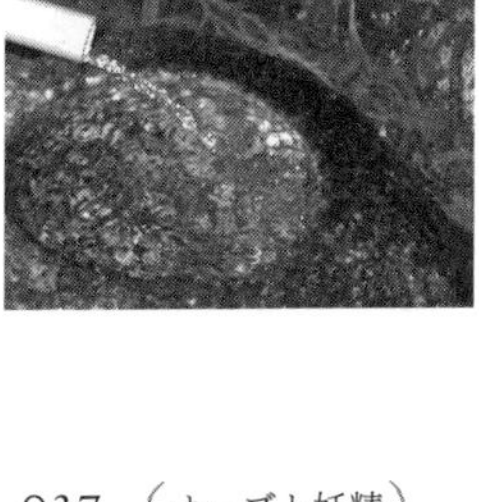

写真⑦ 水飲み場でも写っていた妖精とみられるオーブ。

たりするわけだ。

この妖精について秋山氏は面白い話をしている。静岡県藤枝市の山の中を秋山氏が歩いていたとき、野性のランを見つけた。珍しかったので近寄って覗き込むと、葉っぱの間から十五センチぐらいの人形のようなものがヒュッと出てきて、キュルキュルキュルと高音でしゃべりだしたのだ。

野生のランの妖精であると直感した秋山氏は、以前から妖精にたずねたかったことを質問した。「何で、お前たちは人間の格好をしているんだい?」

すると妖精は答えた。

「おまえが人間だから」

そう言うと妖精は再び、ヒュッと葉の裏側に隠れてしまったのだという。

秋山氏は、妖精が言った意味を瞬時に理解した。つまり妖精は、本当は人間の形をしていないのである。ところが人間がその妖精のエネルギーや気のようなものを感じ取ると、自分がもっともわかりやすい形に、この場合は人間の姿に翻訳して影像として読み取る。この場合、影像はシンボルとして存在する。能力者の脳が、妖精を人間の姿に自動的に翻訳するのだ。

では彼らにとって、私たちはどのように写っているのだろうか。

ここからは私の想像だが、あちら側の世界とこちら側の世界では見方や感じ方が逆になるような気がする。こちら側の世界では、物質として目に見えるものこそが実体であり、普段目に見えないものが見えるのは脳が作り出した虚像か、目の錯覚として片付けられてしまう。ところが、あちら側の世界では意識が実体であり、肉体は虚像に過ぎないのである。

そう考えると、彼らが見ている私たちというのは、顔や体つきといった身体的な特徴ではなく、私たちの心の状態や意識の状態を光やエネルギーの形（像）として感じたり見たりしているように思われる。心が美しいとまばゆいばかりに美しい光の像に翻訳され、逆に醜いエネルギーだと、どんなに物質界では美人であっても、暗く濁った気味の悪い像のように翻訳されてあちらの世界で影像化されているのかもしれない。

ビク石を登山していた私たちはきっと、ある種のエネルギー体として楽しいとか愉快な気持ちを周囲に撒き散らしていたに違いない。すると、それを感じた（見た）ビク石の麓《ふもと》に住むピクシーが、なんでそんなに楽しい状態のエネルギーがあるんだ、とばかりに私たちの様子を見に来たのである。そして面白いから、私たちの後をずっとつけて来たのだ、と想像してしまう。

感じたときに現れる

その後も私はオーブらしき写真を撮り続けた。二〇〇九年八月に私がパートナーのfurafuranさんとイギリス旅行をしているときであった。ロンドン南東のケント州カンタベリー市にあるカンタベリー大聖堂の中を二人で見学していると、furafuranさんが急に大聖堂の壁に描かれた絵を指して、「あそこの絵の中の鹿が気になるから、写真に撮って」と、私に頼むのである。

おかしなことを言うものだなと思いながらも、言われたままに写真を撮ると、何と鹿の頭のすぐ横に丸い光が写っているではないか〔**写真⑧**〕。私はその写真を確認するとすぐに、まったく同じ条件でもう一枚写真を撮った。フラッシュが壁に反射したのではないかと疑われるのが嫌だったからだ。案の定、二枚目の写真には同じ条件でフラッシュを焚いたにもかかわらず、一枚目に写ったような丸い光は写っていなかった〔**写真⑨**〕。

念のために、フラッシュが反射した場合の写真として、隣の額縁に入った絵を意図的に撮影してみた。これがフラッシュが反射した場合の写真である〔**写真⑩**〕。明らかに光の質が異なっているのが、わかるだろうか。

このように、オーブは私たちの意識に話しかけてくる力があるのではないかと思えてくる。秋山氏のように、一般の人には見えない七福神を影像で見て、そこを写せばオーブが写るという域にまで達するのは難しいだろうが、オーブを撮る場合、直感で感じたりするとうまくゆくようだ。

私にも身に覚えがある。神奈川県の葉山町に不動の滝という三浦半島では珍しい滝がある。横須賀に行く途中にふと、不動の滝に立ち寄りたい気持ちになった。今から思うと、その時既に、これから写る「オーブ」との間で意識の交流が起こっていたのであろう。不動の滝に近づくと、なぜか「オーブ」が写るような気がしてきたのである。不動の滝で続けざまに三枚写真を撮影したところ、ちょうど二枚目の滝の上に丸い光が写り込んでいたのである〔**写真⑪**〕。写

写真⑨　直後に同じ条件で撮影した写真には写っていない。

写真⑧　カンタベリー大聖堂の壁画に写ったオーブ。

写真⑩　ガラスにフラッシュが反射した場合の写真。

真の真ん中ではなく、ちょうど滝の上に出現しているところに「オーブ」の「意図」を感じるのは、私だけだろうか。

次のような不思議なケースもあった。ある日、furafuranさんが「私の周りにピンク色の光が見える」と言い出したのだ。ならば「オーブ」が来ているのかもしれないと思って私が撮影すると、furafuranさんのそばのドアのところにうっすらとではあるが、ピンク色の丸い光が写っていたのであった〔**写真⑫**〕。

オーブは確実に、私たちの周りに存在しているのである。

写真⑪ 写るような気がして撮影したら滝の上にオーブが写っていた。

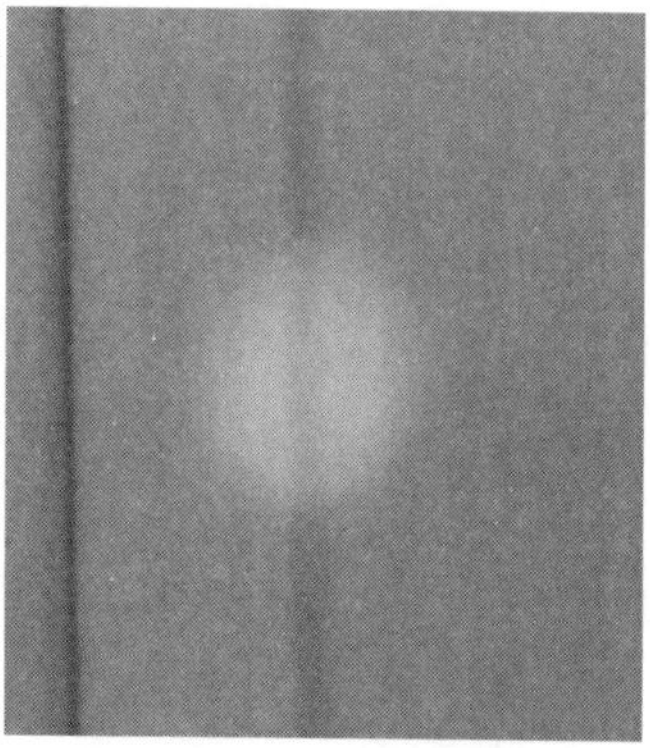

写真⑫ furafuranさんのそばに来ていたピンクがかったオーブの拡大写真。

（第2章）UFOと宇宙人

ヤビツ峠にUFO乱舞！

昔から論争があり依然として決着していないのが、UFOと宇宙人の問題である。広大無辺の宇宙に知的生命体は地球人しかいないなどという無知で傲慢な考えを持つ人はさすがに最近は減ってきたと思うが、では実際に地球外生命体が乗っているUFOが地球の上空を飛び交っているという意見には拒絶反応を起こす人が多いだろう。UFOはただの錯覚なのか。それとも地球の科学を凌駕《りょうが》した宇宙人の宇宙船なのか。今もって確証がないまま、肯定派と否定派の間の議論はいつも平行線をたどっているように思われる。

かく言う私も、山の中に暮らしているので流星はたくさん見るが、UFOを見たこともなければ、タコのような足を持つ宇宙人に会ったこともない。では否定派かと言うとそうではなく、数々の信頼のおける目撃証言から、地球外生命体の宇宙船としてのUFOが飛んでいてもおかしくないと思っている。水産庁調査船「開洋丸」乗組員による、海洋における複数回に及ぶ目撃記録（一九八四、八六年）や、日航ジャンボジェット貨物便機長によるアラスカ上空での目撃証言（一九八六年）から、少なくとも現代の地球の科学では説明できない飛行物体が地球の大気圏内を飛び回っているのは確実だと思うのである。

そのような私ですら驚くような目撃証言が私の耳に入ってきたのは、二〇〇七年秋のことであった。すでに紹介した国際気能法研究所の秋山眞人氏らにより同年九月二十三日に開催されたＵＦＯ観測会の報告には、衝撃的な事実が書かれていた。神奈川県秦野《はだの》市のヤビツ峠付近でＵＦＯが乱舞し、二十四人の参加者は出現したＵＦＯとのテレパシーによる質疑応答を行っただけでなく、観測会の最後には宇宙人と思われる巨大な人影が空中に浮いているのを目撃した、というのだ〔写真⑬〕。

　これが本当なら一大事である。私は早速、参加したという人たちに当日の話を聞いた。それによると、次のようなＵＦＯ観測会であったという。

　秋山氏を含む観測会のメンバー一行は二十三日午前一時ごろ、ヤビツ峠付近の観測場所に到着した。標高七九〇メートルの非常に見晴らしのいい場所だ。空には星が瞬《また》いており、観測にはまずまずの条件だった。環境データを記しておくと、天候は晴れ、視界は良好で、月が出ていなかったので周囲は真っ暗であった。風は普通であったが、

写真⑬ ヤビツ峠にＵＦＯが乱舞したことを報じる会報誌。

山特有の霧もやが断続的に出ていた。

観測前には秋山氏が参加者にＵＦＯ観測の注意事項を説明した。それによると、ＵＦＯ搭乗員はほとんどがテレパシーを使っているが、宇宙人は相対的に受信能力が強く送信能力は弱い。一方、地球人は送信能力が強いが、受信能力は弱い。そのため地球人が「ＵＦＯよ、出てきてくれ！」とか「宇宙人に会いたい！」と空に向かって念を送ると、宇宙人の側では、まるで耳元で拡声器を使って怒鳴られているようなストレスを感じるのだという。にもかかわらず、宇宙人側からの呼び掛けに対して地球人はほとんど気づかず、ただ一方的に念を送り続けることになってしまうそうだ。

秋山氏が言うには、この両者のテレパシー能力の違いを把握した上で、宇宙人にメッセージを送る場合はささやくような感じで念を送り、しかもその後はＵＦＯや宇宙人のことはあまり考えないようにするといいのだという。

そうした説明をしている間にも、秋山氏はテレパシーで宇宙人と交信しているようであった、と参加者の一人は言う。そして秋山氏は次のように参加者に言った。「午前二時十五分に最初のコンタクトがあります。それから午前三時半にＵＦＯの大群が現れます。まだ時間があるので、少しおしゃべりをしていましょう。ＵＦＯのことはあまり考えないでください」

〈ＵＦＯとのテレパシー交信に成功〉

何と言うことだろうか！　ＵＦＯをただ呼んでむやみに待つのではなく、秋山氏はテレパシー交信により「約束の時間」まで取り付けてしまったというのだ。本当に時間通りにＵＦＯは現れるのだろうか。秋山氏らはその「約束の時間」が来るまで、北極星の見つけ方や、北斗七星、カシオペア座、プレアデス星団などの位置探しと、それらの星にまつわる神話などについて話をして過ごしたという。

やがて時間がやってきた。しかし参加した人たちによると、約束の時間よりも少し前にすでにＵＦＯ雲やオレンジの光体が現れていたのだという。ＵＦＯ雲とはこの場合、フォースフィールド（船体の周囲に張り巡らされたエネルギー）が雲のように見えるＵＦＯのことである。いずれにせよ午前二時十五分には、オレンジ色の光が現れた、と参加者が口を揃えて言う。そして口々に「お～」とか「わあ～」などの歓声を上げた。

そのオレンジ色の光体は、ふっと消えたかと思うと少し離れた場所にぱっと現れたりしながら、約三十分間あちこちを飛び回ったという。「まるで私たちを歓迎しているようだった」と参加者の一人は振り返る。

ここで第一回目のコンタクトが終了した。「しばらく休憩しましょう。次回は午前三時半から、本格的なＵＦＯの大群が来ます」と秋山氏が言うと、参加者はトイレ休憩を取った。

午前三時半ごろ、二度目のコンタクトが始まった。ここからの証言は個々人により微妙に異なるのだが、複数の光体が出現したのは間違いないようであった。まさに「乱舞状態だった」

と、参加者のほぼ全員は言う。なかには秋山氏とともに、巨大な母船と小型船三隻を目撃した人もいた。その母船は全長一キロ以上ある巨大UFOだったという。

しかしこの晩のハイライトは、何と言っても参加者全員がUFOとの「テレパシー交信」に成功したことであろう。きっかけは、UFOが参加者の懐中電灯に応えるかのように明滅を繰り返したことであった。そこで秋山氏はUFOとの交信が可能と判断、参加者全員に「UFOに質問してみましょう。聞きたいことはありますか」と呼びかけたのである。秋山氏によると、出現したUFOは太陽系の中の土星基地から来た巨人族の宇宙人で、世界中の神話や伝説に残る巨人族はたいていの場合、この土星の巨人族のことなのだという。

「皆さん、土星の巨人族と、これからコミュニケーションしてみましょう」という秋山氏の号令で交信が始まった。

最初の質問は「あなたたちのその小型のUFOの機内には、何人の搭乗員が、乗っているのですか」というものであった。その後すぐに、次のような言葉に出して質問した。

「一人ですか?」

UFOはまったく反応を示さない。

「二人ですか?」

やはり反応はない。

「三人ですか?」

それでも何も起こらない。実験は失敗したのだろうか。

ところが、人数を増やしていき「五人ですか?」と質問したときである。それまで無反応だったUFOは突然、「ピカッ」と強烈な光を発したのだ。ここで参加者全員は理解した。質問の答えが「イエス」だとUFOは一段と強烈な光を放ち、「ノー」だと反応を示さないのだ。

秋山氏が再び皆に呼びかけた。「皆さん、せっかくの機会です。どんどん、質問しましょう!」

この言葉を合図に、参加者から次々と質問が上がった。

「土星から地球までは、どれくらいの時間がかかるのですか?」

「瞬時ですか?」

すると、UFOは激しく光る。

そうした質疑応答は三十分ほど続いた。その交信でわかったことを簡単にまとめると、土星から瞬時でやって来たUFOの搭乗員は五人であること、彼らは大変な長寿で平均寿命は三千五百歳であること、もともとこの日は、太平洋が汚れているのでボランティアで太平洋の海水の浄化の仕事をしに来ていたが、秋山氏らの声が聞こえたので現れたこと、土星の巨人族たちは、地球上で言えば鹿のような動物から進化した生命体であること、などである。

交信の最後には全員でUFOに向かって手を振って別れを告げたのだが、UFOは最後にピカッ、ピカッ、ピカッと点滅しながら消えたのだという。

なんとも衝撃的なＵＦＯとの接近遭遇ではないか。参加者の一人のトーマ・イタルさんは、このときの体験について自分のホームページに次のように書いている。「職業も性別も年齢もバラバラですが、ちゃんとした常識をもって仕事をしている大人の社会人が二十四人も同時にこの宇宙人とのコミュニケーションを体験したのです。これを、見間違いだとか脳による幻覚だとかで解釈するのは、かなり無理があると思います。確実に、ＵＦＯも宇宙人も、実在するのです」

しかし、このときの観測会はＵＦＯとの「異文化コミュニケーション」だけでは終わらなかったのである。

午前四時ごろ、そろそろ帰り支度を始めるか始めないかというときになって、それまで星空に恵まれていた空が「あれよあれよという間に霧に包まれてしまった」のである。そして参加者の何人かと秋山氏は、観測場所から見下ろす谷の下の方から大きな棒状の雲の柱が浮きながら昇ってくるのを目撃したのだ。それは巨大な人影のような雲であった。参加者は後から秋山氏から聞かされて知ったのだが、巨人族の宇宙人がそのとき、雲の柱の形態で出現していたのだという。

秋山眞人氏が語るＵＦＯ

この驚異のＵＦＯ体験について、秋山氏本人に直接聞かないわけにはいかない。私は秋山氏を都内のオフィスに訪ね、ＵＦＯ観測会や彼がコンタクトを取っているという宇宙人について聞いてみた。

――神奈川県のヤビツ峠で開催されたＵＦＯ観測会では、ＵＦＯが乱舞しただけでなく、宇宙人も現れたそうですね。

「そうです。観測会の最後の場面で、谷の下のほうから大きな柱状の雲が昇ってきたんですね」

――柱状の雲？

「ええ、ちょうどそこにある柱ぐらいの（と言って、直径二メートルぐらいの柱を指す）大きさの雲です」

――その雲は何だったのですか。

「それが身長四メートルほどの巨人族の宇宙人でした。皆さんも見ていますが、たぶん不思議な雲にしか見えなかったでしょう」

――秋山さんには巨人の姿が見えたのですか。

「ええ、シールドに覆われた巨人族の宇宙人が、谷の下のほうから空中を飛んでやって来たのがはっきりと見えました」

――あの観測会はすごかったらしいですね。参加者の話を聞くと、皆が興奮しているのがよくわかります。

「初めて見ると、興奮するでしょうね」

――秋山さんにとっては普通なんですか。

「私は何度も見ていますから、いかにマンネリに陥らないようにするかが、私の課題です」

――見飽きてしまったんですか。

「そりゃ、UFOが出てくればわくわくしますが、何度もやっていますから、マンネリに陥りやすいんですね。でも感動しなくなると、出てくれません。だから、常に初心に帰らないといけないわけです。UFOを呼ぶときは純真な気持ちに戻ります」

――あの観測会の四日前、某テレビ局の秋のスペシャル番組で生放送中にUFOを呼ぶという実験をやっていましたね。あれは放送ではUFOが出たのかどうかわかりませんでしたが、実際はどうだったのですか。

「あれは生放送中にちゃんとUFOが出現したんですね」

――現れたのですか!?

「そうです。現場は大騒ぎでしたが、カメラはスタジオを映しており、こちらの興奮は伝わらなかったですね。テレビカメラにも写っており、テレビ局のスタッフも車のヘッドライトや他の光源であることはないと断言していました」

〈巨人族とグレイ〉

いったい秋山氏はどれだけ宇宙人と親密な関係があるのだろうか。呼びかけると、テレビ局の生放送中でもUFOが現れるというのは尋常ではない。私はもっと宇宙人と地球の関係が知りたくなって、宇宙人と地球の歴史について聞いてみた。

――地球にピラミッドを建造した背景には、宇宙戦争があったという話を誰かから聞いたことがあります。この宇宙戦争とは何ですか。そのような戦争があったのですか。

「地球人には戦争好きがいますから、すぐに宇宙戦争だといって興奮しますが、『スターウォーズ』のような惑星間のドンパチはありませんでした。ただ、二種類の宇宙人の対立があり、地球の人間がそれに巻き込まれて戦争を起こしたということはあります」

――二種類の宇宙人の対立があったのですか。

「グレイ・タイプ（編注：よく雑誌やテレビ番組で宇宙人の目撃例として紹介される小柄な宇宙人。目と歯が異様に大きく、灰色の肌をしているかのように見えるので「グレイ」と名付けられた）の宇宙人と巨人族系宇宙人の対立です」

――グレイと巨人族？

「グレイは恐竜から進化した宇宙人で、硫黄や鉄がないと生きていけません。沼地に棲《す》む河童がまさにグレイです。生臭い匂いがします。グレイのように、爬虫類・両生類から進化した宇宙人をペルと呼んでいます。

一方巨人族は、身長四メートルの巨石文明を持つ宇宙人で、犬や鹿などから進化しました。ダイダラボッチやナガスネヒコ、ギリシャ神話のサイクロプスがそうです。山の上などに巨石を使って保護シールドを築いて暮らしていました。彼らは保護シールドがないと生きていけませんでしたから、常にヘルメットを被っていました。それが一つ目の巨人に見えたので、サイクロプスとも呼ばれていました。犬や熊、鹿、ライオンなどから進化した、巨大な宇宙人をゲルと呼びます」

――人間はどちらにも属していませんね。

「ええ、ラットやサルなどの哺乳類から進化したヒューマノイド系の宇宙人はこれとは別で、人間のように哺乳類のサルから進化した宇宙人をエルと呼びます」

――そのペルとゲルが、エルが住む地球という惑星で対立していたということですか。

「そうです」

――なぜ対立しなければならなかったのですか。

「その背景を理解するためには、宇宙の進化の大まかなパターンを説明しなければなりません」

――進化のパターン？

「ええ、この大宇宙では、ペルが進化するのが普通なんですね。恐竜が地上を支配し、二足歩行になって進化して文明を築く。ところが地球は隕石のせいで恐竜が絶滅してエルが地上の支配者となった。そしてごく稀になんですが、エルが滅ぶとゲルが支配者になるわけです」

――自然の状態ではペルが進化するケースが圧倒的に多いのですか。地球人としては衝撃的な事実ですね。

「そうです。大半がペルになります。ところが地球では、さらに誤作動が発生するのです」

地球で起きた誤作動

――誤作動？　地球で何が起きたんですか。

「隕石が地球に落下して恐竜が死滅した後、まだエルが地上の支配者となるのかどうかわからない段階で、宇宙法上違反なのですが、緊急避難的にゲルの宇宙船が地球に不時着したのです」

――宇宙法違反ですか。

「他の惑星の進化の自由選択を犯してはならないという宇宙法みたいなものがあるんです」

――すると、不時着そのものが宇宙法違反だった？

「それ自体は緊急避難的なものだったのでやむをえなかったのでしょう。ところが、ゲルが使った通信波によって、地球上のサルに急激な変化が起きてしまったんです」

――サルの進化が早まった、と。

「意図的でないにしても、地球の進化に介入したことになったのです。これは明らかに宇宙法違反です」

――それでどうなったのですか。

「このことを知ったペルが面白がって見学に来て、地球に干渉するようになったのです」

――ゲルが介入したのだから、俺たちだって介入してもいいだろうということですか。

「そうです。ペルは地球にあからさまに干渉し、そしてゲルも、サルから進化した地球人に宇宙文明を教えました。世界中にその痕跡が残っていますね。もっとも顕著な痕跡がエジプトのピラミッドとスフィンクスです」

――スフィンクスはゲルの象徴でもあったんですね。そういえば、古代エジプトでは、頭がジャッカルで体は人間というアヌビス（エジプト神話に登場する冥界の神）が、ピラミッドの壁面に描かれていますね。

「ええ、あと世界中の洞窟の壁画にも、サイクロプスのような巨人が描かれています」

――こうして対立の図式が始まったのですね。

「そうです。ペルは直接戦争したわけではありませんが、人間に鉄製の武器を与えたりして、ゲルやゲル系の人間と戦うように仕向けたりもしたんですね。少なくとも、ゲルの嫌がるようなことをした。日本の神話では、似たような話がヤマタノオロチ伝説や桃太郎伝説に描かれています。鉄の剣を与えて、巨人を退治させた話がそうした伝説として残ったんです。ジャックと豆の木もそうですね。空の上で平和に暮らしていた巨人を、ジャックが一方的に殺してしまうんですから。ゲルはすでに話したように山の上で、つまり雲の上で巨石の保護シールドの中で暮らしていました」

――ペルによる人間を使った代理戦争ではないですか。

「ええ、一種の代理戦争です。ペル派の民族にはぺとかパのP音が入り、ゲル派の民族にはゲとかギというG音が入ることが多いです。だからペルシャはペル派、ギリシャやゲルマンはゲル派です。これまでの最大の代理戦争がギリシャとペルシャの戦争でした。人類の戦争の歴史は、実はこの対立を知っていると、ほとんどが説明できてしまうんです」

――大元をたどれば、ペルとゲルの対立だった、ということですか。

「そういうことになります。だけど、これはごく最新の情報ですが、その対立に歴史的な変化が起きたのです」

〈宇宙人による歴史的和解〉

――歴史的な変化？　いったい何があったんですか。

「ペルとゲルが歴史的な和解をしたのです」

――ええっ！　和解したのですか！　いつ和解したのですか。

「今年（二〇〇八年）の五月初旬ごろです。六月二十四日に正式に和解することになっています」

――大ニュースですね。

「ええ、宇宙的な大ニュースです。昔から、ペルとゲルの対立を仲裁しようとして、ヒューマノイド系の宇宙人であるエルが地球に来ていましたが、仲裁はなかなかうまくいきませんでした。ところが、ペル側に劇的な変化が生まれました」

――何が起きたのですか。

「数年前、ペルの〝女王蜂〟が亡くなったのです」

――女王蜂？

「実はペル（グレイ）には、メスは一匹しかおらず、生殖能力があるのは、その女王蜂と取り巻き連中だけなんですね」

――映画の『エイリアン』みたいですね。

「あの映画は意味がないわけではなかったんですね。だからペルは、ほとんどがクローンで殖えます。試験管で育ち、試験管で大きくなります。彼らは、指一本あれば、完全に固体を複製できる技術を持っています。その彼らにとって、一番大事な女王蜂が死んだのです」

――衝撃は大きかったでしょうね。

「ええ、何しろ何十億年、もしかしたらそれ以上の寿命がありますから」

――そんなに長生きするんですか。

「そうです。そして若い女王蜂に代わりました。その新女王が方針を変えたのです」

――具体的に何をしたんですか。

「地球からUFOを引き揚げさせ、ゲルと和解するよう命じたのです」

――方針変更の理由は何だったのですか。

「おそらく、このままではペルもいずれは絶滅するという危機感があったのだと思います。彼らの科学文明は、地球人類よりも一万年ほど進化しています。しかし、何かが足りないと感じていた。もしかしたら、進化の方向を間違ったのではないか、と」

――科学文明の進歩だけでは乗り越えられない壁があると感じたのですね。

「そうです。彼らのいいところは、何事にもポジティブに考えることで、悩むとか苦しむといったことがほとんどないことなんですが、逆に言うと地球人のように起伏の激しい感情が理解できない。その感情を理解すれば、彼らの進化の行き詰まりを打開できると考えたのです。その一環として、これまで対立したゲルと和解し、進化の可能性を地球人から学ぼうとしたのではないかと思います」

――地球人が彼らの模範となるわけですか。

「まあ、そうなんですが、地球人もこのままではどうなるかわかりませんよね。地球人は恐れの感情が強く、恐れに堪えられないために戦争をします。早晩、戦争して滅亡してしまうかもしれない。それでは模範になったものじゃありませんね。かと言って、手取り足取り教えたのでは、自分たちと同じになるだけです」

――にっちもさっちも行きませんね。でもゲルと和解することと、地球人の進化との間にどのような関係があるのですか。

「ゲルとの和解は異なるものを受容するということです。和解によって、新しい知恵が生まれる。その知恵を地球人に流し込むことによって、地球を救済できると考えているのです」

――でも、和解はうまくいくのでしょうか。ペルには戦闘的なレプティリアン（爬虫類系宇宙人）もいると言うではないですか。

「彼らもまた、グレイの女王蜂の影響下にあると考えています。すでに中国・黒龍江省のレプティリアンは天使に追い出されたと聞いています。この和解は地球人を救うためのものですが、ペルを救う和解でもあるのです」

――黒龍江省のレプティリアン？　どこに住んでいたのですか。地下？

「そうです、地下です」

――それを天使が追い払った、と。

「ええ」

宇宙人との遭遇

――想像を絶するようなことが起こっているんですね。ところで、和解によって新しい知恵が地球に流し込まれるということですが、それ以外に何か具体的なことは起こらないのですか。

「少なくともペルは、ゲルの嫌がるようなことはしなくなります。また、宇宙人が地球の霊的世界に介入できるようにもなります。これまではある取り決めがあって、霊的世界への介入はできなかったのです。ただしペルとゲルが和解したことにより、それが可能になると聞きました」

――すごい情報ですが、秋山さんはこの情報をどこから得たんですか。

「私にはペル、ゲル、エルそれぞれに知り合いがいますから」

――知り合い？　彼らに直接会って聞いたのですか。

「そうです」

――では、巨人族のゲルにも会ったことがあるのですか。

「あります」

――最近ではいつ会いましたか。

「あのヤビツ峠のUFO観測会で現れた雲の柱がそうでした」

――あの土星の巨人族と呼んでいた宇宙人ですね。ほかでもゲルに会っているんですか。

「ある年の正月に、子供と小金井《こがねい》公園にいるときに会いました」

――正月の小金井公園で、お子さんと！　皆が見ているではないですか！

「たぶん、だれも気づかなかったと思います」

――姿を消して現れたのですか。

「光のシールドに覆われていました」

――秋山さんだけにはゲルが見えるわけですね。

「ええ、ただ何か光のようなものが見えた人はいたかもしれません」

——信じられないような話ですね。どのような話をしたんですか。

「これからはもっと現れるようにするから、と言っていました」

——もっと現れるようになる？　人類の目の前に現れるのですか。

「そんなことをしたら、地球人は宇宙戦争だと言って、パニックになるでしょうね。そういうことはしないと思います」

——ゲルはどのような姿をしているのですか。

「ドーベルマンが二本足になって進化したような感じでしょうか。耳も尖っています」

——ドーベルマン？

「短い毛が生えていて、触った感じも似ていました」

——ペルにも会っているんですね。

「ええ。ただしペルと自由に会話するためには、インプラントをしなければならないんです」

——インプラント？

「通信機を埋め込む作業ですね。最初は断っていましたが、どうしても話し合わなければならないことがあって、承諾しました」

——手術したのですか。

「手術はしません。彼らはテレポーテーション（瞬間移動）の技術を使って埋め込むのです。瞬間的にパッと入ります。私の場合は、あごのところに通信機が入っています」

——通信機が実際に入っているのですか。

「そうです。この間歯医者に行ってレントゲンを撮ったら写っていたんですね。医者は、あごに腫瘍があるので除去したほうがいいと言っていました。普通はレントゲンに写らないんですが、私の場合、細胞が敏感で通信機の周りの細胞が固まってしこりのようになってしまったのだと思います」

——これはただの宇宙人のインプラントですから大丈夫です、とでも答えたのですか（笑）。

「いいえ、そんなことを言ったら、別の病院に連れて行かれてしまいます（笑）。それなら放っておいてもいいです、とだけ答えておきました」

――ヒューマノイド系のエルにも会っているんですよね。

「ええ、最初に接触してきたのがエルでした」

――三つのタイプの宇宙人に出会って、どのような印象を持ちましたか。

「科学技術にかなりの差がありますが、それぞれの進化の方向に特徴があります。ここで断っておきますが、どの宇宙人のタイプが上だとか下だとかいうことはないんですね。ただ進化の方向が違うというか、位相が違うだけなんです。地球人は科学技術や潜在能力の開発では確かに宇宙人に比べ劣っていますが、宇宙全体から見ればユニークな存在であり、対等なのです」

〈宇宙人のタイプ〉

――それぞれの宇宙人の特徴を簡単に教えてください。

「ペルは一つのものを全体に発展させ、進化した宇宙人です。一人はみんなのために、という感じでしょうか。社会構造は一極集中で、地球で言えば蜂や蟻の社会に近いです。一人のリーダーがいて、その下で全ての民がそれぞれの役割を持ち、文化を発展させていきます」

――一人はみんなのために……何かラグビーの標語みたいですね。ラグビーもキャプテンの下でそれぞれの役割に徹して、試合が展開していきます。

「とにかく彼らは、なんにでもひたむきで、ポジティブ・シンキングをします。悩むということが基本的にないし、悲しむこともほとんどない。ネガティブに物事を考えないんですね。思考は常に前向きで、疑問を持つよりもとにかく行動し、ひたすら前進しようとします」

――ますますラグビー選手に思えてきました（笑）。確かに蟻や蜂にも似ていますね。

「そうですね。彼らは女王蜂と無数のクローンで一つの生命体を構成しているという感じでしょうか。セットになっているんですね」

――ゲルはどのような宇宙人ですか。

「ペルとは正反対で、いかに個人を保持するかということに全力を挙げて進化した宇宙人です。地球で言えば、山に籠《こも》る隠者《いんじゃ》や哲学者みたいなものでしょうか。他人と競わないで個性を深めるにはどうしたらいいかを追求してきました」

――なるほど、黙々と独りで走る陸上選手みたいな感じですね。ドンドン自分を極めていくというか、自分の内面を掘り下げていくタイプでしょうか。

「ええ、彼らはそうやって進化してきましたから、ペルとは生き方の哲学がまったく合わない。自分たちが進化してきた根幹の部分でぶつかってしまうので、摩擦が生じたんですね。でも地球人と違って、宇宙人たちのレベルになると、生き方が異なるからといって戦争をするようなことはありません。むしろ何とか相手を理解しよう、異なるものを受容しようという努力をします」

——それが今回の和解に繋がったのでしょうね。ではエルにはどのような特徴があるのですか。

「エルは何事もバランスを取ろうとすることで進化してきた宇宙人です。中間を取るということが宇宙を進化させることだと信じています」

——まさに仲裁役というわけですね。

「ええ。この三タイプの宇宙人の鉱石についての好みを言えば、ペルは金《きん》を好み、ゲルはダイヤモンド、エルはクリスタルを最も好みます」

——面白いですね。鉱石の好みも違ってくるんですか。

「そうです。この三タイプの宇宙人のほかに、四つ目のタイプとして昆虫から進化した宇宙人もいるようです」

——昆虫人ですか。

「ええ、カマキリのような感じの巨大な宇宙人です。二足歩行をして、ものすごく頭がいいです。地球の軍関係者に対してテレパシーでコンタクトを取っているようです」

――バルタン星人を思い出してしまいました（笑）。そう言えば、チャネラーの北川恵子さんが以前、昆虫（ハエ）のような顔をした宇宙人に会ったことがあると話していました。本当に沢山の種類の宇宙人が存在するんですね。

宇宙用語の基礎知識

――ところで、そのペルとかゲルとかエルという呼称はだれが決めたのですか。

「大昔の太陽系会議で決まりました。そこで決まった言語を太陽系語、ソレックス・マルと言います」

――ソレックス・マル？

「そうです」

――ほかにどのような言葉が決められたのですか。

「宇宙人の乗っている大型のＵＦＯ（宇宙船）をベントラと呼びます」

――ああ、よくＵＦＯを呼ぶときに唱える呪文に出てくる言葉ですね。

「そうです。あの呪文は、同胞はわれわれの元へ集え、という意味です」

――ほかには。

「地球のことをサラスと呼びます」

――サラスですか。竹内文書では地球のことを地美《ちみ》と名づけていました。

「サラスは地球人が地球を呼ぶときに使う言葉で、宇宙人たちは地球のことをチャンとかチと呼びます」

――チャン、チ？

「悲しみという意味です」

――なぜ悲しみなどと呼ばれるのですか。

「いろいろな意味で誤作動が起きて、バランスを取るのが非常に難しい状態の星になってしまったからです」

——そんなに沢山の誤作動が起きたのですか。

「ゲルの通信波による急激な進化、ペルによる進化への直接介入。そして、いつしか地球は、宇宙の秩序を壊した人たちが転生してくる、一種の流刑地《るけいち》となってしまったのです。つまりこの宇宙でバランスを崩した人たちが、バランスを取ること、幸せとはバランスを取ることだということを学ぶために来る惑星になったのです」

——バランスを取るのが困難になった星に、あえてバランスを取ることを学習しに集まったのが地球人であるともいえますね。しかし、悲しい歴史があるのですね。

「ええ、地球人の進化の過程でさまざまな悲しみの思念が発生したことから、宇宙人は悲しみの星と名づけたんですね」

——そうした悲しみの一因になった宇宙人ゲルとペルの対立の終結は、地球にもいい影響を及ぼすのでしょうね。

「彼らはある程度未来を正確に予測できますから、当然地球にプラスになると考えて決断したわけです。行き詰まりを打開する新しい知恵がきっと生まれるはずです」

――（歴史的な和解のある）六月二十四日前後には、地上でも何かその兆しが現れるかもしれませんね。
「そうですね。先月（二〇〇八年五月）の満月もすごく綺麗でした。十九日の満月から二十四日にかけて、空は賑やかになるのではないでしょうか」

驚くべき宇宙人と地球の歴史についてのインタビューはこれで終わった。話し終わった秋山氏は、「ああ、これでちょっとスッキリとした」と私に告げた。どういうことか、と私が尋ねると、「今日はこのことを誰かに言わなければならないという感じがしていたんです。そこへ布施さんから電話があった。言わなければいけない人の一人は布施さんだと思って、このお話をしたわけです」と秋山氏は言う。

写真⑭ ペルとゲルの和解の日、太陽の周りに光輪が現れた。

秋山氏が語った、この驚異の物語について、私は肯定する証拠も否定する証拠も持ち合わせていない。ただ私は、長年の付き合いから秋山氏が私にウソをついたりからかったりしているのではないことだけはわかっていた。おそらく私たちが知らない地球の歴史には、「誤作動」がたくさんあったのだろう。その一つが宇宙人による介入であったのかもしれない。

和解の日とされた二〇〇八年六月二十四日、空は限りなく晴れて、太陽の周りには丸い虹を連想させるような、大きくてはっきりとした光の輪が出ていた〔前ページの**写真⑭**〕。

だが果たして、本当に宇宙的な和解がなされたのか。和解内容に不満を持つ分子はいないのか。和解があってもなお、地球規模の大掛かりな陰謀を髣髴《ほうふつ》させるような争いが絶えないのはなぜなのか。地球に介入してきたという二つのタイプの宇宙人の和解が実質の伴う本物であり、よりよい地球になるための確実な一歩であったと祈ってやまない。

（第3章）スピリチュアルワーカーと愛の波動

奇妙なメッセージ

この世の中に「スピリチュアルワーカー」と呼ばれる人たちがいることを最近まで知らなかった。昔よく流行《はや》った霊能力者による除霊などとは違って、どうやらもっとオシャレに霊的なことや精神世界のことについてアドバイスをしたりエネルギーの調整をしたりする人たちのことを言うらしい。

そのようなスピリチュアルワーカーとして活動しているひめのゆめさんと喜楽天道《きらくてんどう》さんに出会うことになったのは、インターネット上の奇妙な符合がきっかけであった。あるブログ仲間から京都にひめのゆめさんという面白い女性がいるということを聞いて、ひめのさんのブログを読みに行った。するとどうやら日本各地を訪問し、その場所の霊的なエネルギーを受け取りながら、閉ざされた歴史に光を当てるという作業をしているようであった。表の古代史から消し去られた人々や事象に光を当てるという作業はまさに私がやっていることと同じだと思ったので、ひめのさんのサイトに「とても面白いブログですね。これからもたびたび遊びに来させていただきます」とコメントを残したのである。

すると間もなく、ひめのさんから、私が「白山菊理姫《きくりひめ》」というハンドルネームで運営している楽天のホームページに次のような変わったメッセージが届いたのだ。

「私はもともとは日本史は好きですが、現在あちこちを訪問しているのは、文献や資料を読んで訪問プランを立て、インスピレーションを通じて受け取る天の大きな計画とでもいうものに導かれて訪問しているようなところがあります。

こちらのブログに飛んでくる前日、『白山菊理姫さん（神）のところへ、岐阜の位山《くらいやま》から行く』という暗示があり、そして次の日にたまたま私のブログへの訪問履歴（編注：楽天ブログでは、楽天ブログ内の誰がホームページを訪問したか履歴がわかるようになっている）で白山菊理姫さんのお名前を発見しました。

今、スピリチュアルな世界では、日本史の中で起きた出来事を解明し、その陰の部分、滞った部分に光を当てていく動きがあります。今の私は飛鳥時代にフォーカスさせられており、日本神界は私の動きたいゾーンのようです。

私の方こそ、よろしくお願いします。」

状況がわかりづらいかもしれないが、簡単に言うと、ひめのさんは「神様の白山菊理姫さんのところへ訪問するメッセージを受け取ったその翌日、人間の白山菊理姫さんがアクセスしてきたのでビックリしたから書き込みをしたのだ」と言う。

スピリチュアル的な考えが基になっているからか、当時の私にはどのように受け取ったらいいのかわからなかった。だが、どうやら私と位山との結びつきを一種の霊示で知り、メッセージを送ってくれたように思われた。

拙著『「竹内文書」の謎を解く』で書いたのでご存知の方もいると思うが、位山は東経一三七度一一分の羽根ラインの中心ともいえる岐阜県高山市近郊の霊山である（編注：この羽根ラインについては次章で詳しく説明する）。

このメッセージをもらった当時、私は富山県にある尖山の遺跡探検に夢中であったので、「位山へは当分行けそうもないが、ご縁があったらご一緒しましょう」というような内容の返事を送っておいたのである。

位山と天柱石に呼ばれる

このネット上の簡単なやり取りから一年以上が過ぎたころ、再びひめのさんから連絡があった。日ごろは京都で活動しているひめのさんが今度東京に行くので、位山登山の件で食事をしながら話をしようということであった。

お互いブログ上で知っているだけの間柄。一度会ってみて、どのような素性《すじょう》か確かめてみようとの思惑《おもわく》が双方に働いて、二〇〇八年の三月二十日、私が選んだ東京都内にあるベジタリアンのレストランで、ひめのさんら数人と一緒に会食をした。

そのときの一行に喜楽天道さんという男性もいた。最初に待ち合わせ場所で彼に会ったとき、彼はしきりに手を動かして何かやっていた。「何をしているのですか」と聞くと、エネルギーを調整しているのだという。「エネルギー？　調整？」と私があっけにとられていても、それがさも当たり前だというような顔をして、手を振る動作を続けている。やがてその動作が終わると、喜楽さんはひめのさんに「ひめちゃん、やっと重たいエネルギーが取れたよ」と言う。どうやら、ひめのさんに憑依《ひょうい》した霊のようなものを「除霊」していたように思われた。

「これはかなり厄介な人たちと会食することになったな」と内心思ったが、おくびにも出さず、会食に臨んだ。

第一印象とは違って、会食中に話をしたひめのさんたちは至って常識的で、感じのよい人たちであった。別に何かの新興宗教に属しているわけでもなく、あくまでも同好の士たちがスピリチュアル的に身の回りや歴史の問題に自由に取り組んでいこうという姿勢もうかがえ、好感をもてた。ひめのさんたちも最初、私のことをとっつきにくい頑固な学者タイプの人間だと思っていたらしいが、そうではないことを知って安心したようであった。話しているうちに、ひめのさんと喜楽さんが私と同じ年生まれであることもわかり、距離がいっそう縮まった。

こうして和気藹々《わきあいあい》とした雰囲気の中で食事が終わり、さて本題に入ろうということになった。すると喜楽さんが地図の上で、手を動かし始めた。手で地図上の場所のエネルギーや波動を読み、どこに行くかを決めるのだという。喜楽さんの手によるリーディング（エネルギーや波動などを霊的に読み取ること）では、位山のほか、天柱石、二上山、尖山という、竹内文書の中で「神殿の跡」などとされている富山県内の三カ所から反応が来るという。

私が「四カ所を回ると、二泊三日は必要だが、今の私の日程では五月の土日に一泊二日の旅行をするのが精一杯だ」と言うと、今度は優先順位のリーディングを喜楽さんが行い、第一に位山、次に天柱石が大事だということになった。そして、もうこの二カ所には行くことになっている、と私たちに告げたのだった。

「行くことになっている？」と私が聞き返すと、喜楽さんは、訪問候補地のエネルギーヒーリングによって未来予知が可能なのだと説明した。喜楽さんによると、私とひめのさんと喜楽さんは、もう未来ではその場所に行ったことになっているのだという。

その説明に納得したわけではなかったが、とにかく三人で位山と天柱石に行けばいいのだと私は割り切って、その年の五月下旬に岐阜と富山に出かけることで合意したのだった。

巨大オーブの正体は？

位山へは、私の知人のTさんに案内してもらった。Tさんは不思議な方で、筆談で金星の精霊と交信ができるという。つまり自動筆記、あるいはお筆先《ふでさき》と呼ばれる能力があるのだ。私が二〇〇四年夏、岐阜県超古代文化研究会の主催で「失われた古代飛騨王朝」について飛騨位山文化交流館で講演したときに知り合った仲である。

五月二十四日は生憎《あいにく》のどんよりとした天気で、私たちが登り始めたころには雨がポツポツと降ってきた。同行したひめのさんと喜楽さんにとって、位山登山は初挑戦。私は位山に登るのは三回目だったが、雨の中の登山は初めてであった。巨石がゴロゴロしている山道をひたすら登る。光岩や豊雲岩と呼ばれる巨石が次々と目に飛び込んでくる。そして「蔵立岩」と書かれた立て札のある巨石の前に来たときだった。何気なく撮影した写真に、大きな光の玉が写っていたのだ。

これが第1章で紹介した「オーブ」であった。後で写真を拡大して調べたところ、一際燦然《さんぜん》と輝くオーブの後を二つの小さな光の粒が追いかけるように動いているように見える。

この後私たち一行は、頂上近くの「天の岩戸」と名付けられた巨石群の前で祈りを捧げた。そして下山する途中に撮影した写真にも、光岩のそばで写した写真に小さいが明るい光が写っていた〔**写真⑮**〕。ひめのさんを写した別の写真には、ちょうど後頭部のところにオーブとみられる光の玉が写っているだけでなく、まるで順番を待つかのようにひめのさんの頭の上にも小さな光の玉が写っていた〔**写真⑯**〕。おそらくこうした光の玉（オーブ）に能力者が触れたりアクセスしたりすると、そこから情報が伝達される仕組みにでもなってい

写真⑯ ひめのさんの後頭部と頭の上に光の玉が見える。

写真⑮ 光岩を撮った写真にもオーブが写り込んでいた。

るのだろう。つまり「霊が憑依する」とは、そういう現象を指すのかもしれないと思うのである。

後でひめのさんに聞いたところによると、今回の場合はひめのさんの祈りに感応してひめのさんと縁ある神霊がメッセージを伝えてきたものであり、「霊が憑存する」というよりは、神社にある御神木や岩のように、神様が、ひめのさんというより依《よ》り代《しろ》に降りてきているのだということだった。

下山して、麓《ふもと》の喫茶店で休憩しているときに、撮影したオーブの話になった。Tさんによると、撮影者と関係のあるエネルギーが写り込むことが多いのだという。しばらく私たちはその写真を眺めながら談笑していたが、Tさんはおもむろに、「ではチャネリングしてみましょう」と提案した。チャネリングとは、一種のテレパシー交信のようなもので、通常の手段では情報をやりとりできないような生命体などから、特別な能力によって情報を得たり、会話したりすることだ。Tさんの場合は、紙に質問を書くと、次の瞬間には自分の手に持つ筆が勝手に動き出し、文字を紡《つむ》ぎ出すのだという。ただし面白いことに、返事はすべてひらがなで、句読点もない。交信が終わると「◇」のマークが出る。

Tさんは私が撮った写真を見ながら、「金星の精霊」とのチャネリングを始めた。

質問：布施泰和さんが蔵立岩の所で写した写真に御神霊が出ていますが、これは？

答え：このひかり《（光）》のごしんれい《（神霊）》わとうと《（尊）》いこうおのみことがくらいやま《（位山）》でかつやく《（活躍）》されていたときにふせ《（布施）》わそのときのやくめ《（役目）》でうとうのはたらき《（働き）》としてはねらいん《（羽根ライン）》のしごと《（仕事）》をおしたのであった◇

質問：位山の光岩の所で写した写真にも幾つかのオーブが写っていますが？

答え：このひかり《（光）》のおーぶ《（オーブ）》はふせ《（布施）》がこうとうのじだい《（時代）》にこのひかりいわ《（光岩）》でおいのり《（祈り）》おしたときのえねるぎー《（エネルギー）》でありそのときわふせ《（布施）》わとうとい《（尊い）》こうおのみことのときでありうちゅう《（宇宙）》とのこう《（交》しん《信）》おここでおこなっていたそのときのめっせーじ《（メッセージ）》ではねらいん《（羽根ライン）》のことおかくにん《（確認）》していた◇

質問：今からどのくらい前の時代？

答え：５０００

Ｔさんによると、「うとう」とは神事のこと、「こうとうのじだい」とは古代の尊い時代という意味だという。「こうおのみこと」はネットで検索しても出てこないが、豊受《とようけ》の神が宿った

「みこと」だったとTさんは説明する。どうやら今から五千年前、私は光岩を使って宇宙と交信し、羽根ラインを作る作業に従事していたようである。そういえば下山する際、光岩のそばにある平たい石のそばに立ったひめのさんは、地面が揺れているような感じがすると言っていた。ある種の特殊な形をした岩には、人間の持つテレパシー能力を増幅する力があるのかもしれない。

実はTさんには、初めて会った二〇〇四年にも、羽根ラインについてチャネリングをしてもらっている。そのときは、位山を中心として羽根ラインを作ったのはどのような人で、どのように経線を測量したのかという質問であった。その答えは実に面白かった。句読点を打って、漢字混じり文に改めると次のような内容となる。

「位山を中心に羽根の地名を作った人々は尊い時代の方々で、そのときは、上空から測量して南北を決めた。その人たちは、古代の浮き船に乗って測量した。それは気球のようなもので、あるエネルギーで浮かぶことができた」

このチャネリングの内容が本当なのかどうかは、私にはわからない。もし前世というものがあるのならば、位山とかかわりがあったのかなとも思う。そうでなければ、ひめのさんが「白山菊理姫さん（神）のところへ、岐阜の位山から行く」というインスピレーションが浮かぶこともなかっただろう。古《いにしえ》の不思議な縁《えにし》により、私たち四人は位山へ登ることになったのかもしれなかった。

忘れ去られた巨石

位山登山での出来事がどのような意味であったのかはわからない。ただ喜楽さんやひめのさんによると、翌二十五日に行く天柱石ツアーとは連動している動きであったようだ。

その日私たちは、高山市でレンタカーを借りて、朝から小雨がぱらつくなか、次の目的地である富山県平村《たいらむら》の天柱石へと向かった。途中、御母衣《みほろ》ダムを通るとき、喜楽さんとひめのさんが、非常に重たいエネルギーが充満していると言い出した。

喜楽さんによると、見捨てられ、忘れられ、愛や感謝、祝福の光が当たっていない状態になるとエネルギーが重くなるという。またそれは、その日のテーマでもあり、忘れ去られたもの（たとえばダムの湖底に沈んだ村）に愛や感謝、祝福の思いを向けて、調和した本来のエネルギー状態に戻すことが大切なのだと喜楽さんは説明する。そしてなんと、この日天柱石に行くのは、見捨てられて凍りついたようになった天柱石の「氷」を融かすと同時に、私の心の中の氷を融かす意味があるのだと告げたのだ。

意表を衝《つ》かれたのは私だった。「霊示」により位山へ行くのは理解できたとしても、天柱石に行くのは観光程度にしか思っていなかったからだ。ところが喜楽さんは、私の中の氷が融けないと天柱石の氷も融けない、連動しているのだと主張する。いったいどういうことなのか。

天柱石は見たこともないような大きな巨石で、昔から心惹かれるものがあったが、私の心と関係があるとは想像もしていなかった。

確かに、地元の平村の人もあまり行かないような天柱石を世に広めるきっかけをつくったのは、共同通信社記者時代の私だった。一九八四年に竹内文書にヒントを得て「富山・尖山ピラミッド説」を記事にしたとき、かなり反響があり、月刊誌『ムー』から取材を受けた。そのとき、「尖山と一緒に取り上げたら面白いよ」と紹介したのが天柱石だった。私のアドバイスを受けてムー取材班は天柱石を取材、それを尖山の記事と一緒に掲載したので、一躍天柱石も脚光を浴びるようになったのだ。だが、それでは十分ではなかったということなのか。

私たちは天柱石に行く前に、合掌造りで有名な富山県の五箇山《ごかやま》に立ち寄った。合掌造りの里も、今ではほとんど観光地化されてしまい、人の住まない「遺物」になってしまっていた。喜楽さんによると、過去の遺物になってしまったという意味で、天柱石と同じテーマが五箇山にあるのだという。家も天柱石も、人の魂が通わないと、ただの箱や錆びたアンテナになってしまうのだそうだ。

私はここにきて初めて、「心の氷を融かす」という意味がわかってきたような気がしてきた。遠い昔に封じ込めた心があったことを、徐々に思い出し始めていたのである。濃い霧の向こうに閉ざされた、断片的でおぼろげな映像。その中に忘れ去られた大事な過去生の記憶があるように思われた。

そのとき不意に、喜楽さんが「さっきからこの曲が流れっぱなしなんだよね」と言って、中島美嘉の「雪の華」を歌い出した。喜楽さんは、意識を向けた人や場所、出来事にマッチするテーマ曲が自然に聞こえてくるそうだ。「布施さんは昔の恋しい人に会いに行くみたいだね」と喜楽さんは笑いながら言う。

私にはまだ、なぜ「雪の華」がこの日のテーマ曲であり、天柱石に行くことが「昔の恋人に会いに行く」ことなのか、わからなかった。だが、そのころからやたらと、私の周囲にある紫色が気になるようになっていた。合掌造りの村から見た遠くの紫の岩肌、その岩肌を映した水田、合掌造りの里の川のそばに咲いていた桐の花――。目に付くものすべてが紫に思われた。そう言えば、二週間ほど前、東京都調布市の神代《じんだい》植物公園で何気なく拾った花も、紫色の桐の花であった。

開かれた天柱石

紫と雪の華のイメージを持ちながら、私たちはほどなく天柱石に到着した。私が天柱石を訪れるのは、五回目であった。とにかく最初に天柱石を見たとき、夕闇にそびえ立つ異様な巨石に驚いたことを今でも鮮明に覚えている。船が地上に突き刺さったような形をしており、巨大な宇宙船かと思えるばかりの存在感があった。

久しぶりに見た天柱石も、しっかりとした存在感を持ち、そこにそびえていた。午後一時半ごろだっただろうか。まだ少し小雨がぱらつく、どんよりとした天気であった。奥深い山奥にある、この巨石の周りには、霧も立ち込めていた。その雰囲気を反映してか、天柱石自身も暗く落ち込んでいるように見えた。喜楽さんやひめのさんには、それがエネルギーとしても感じられるらしく、天柱石の周囲には重たい念が渦巻いており、足が急に重くなったと言う。この天柱石を崇《あが》め奉《たてまつ》り、自分の力を強める目的でこの巨石を利用しようとする人たちの念が、天柱石に覆いかぶさっているのだそうだ。天柱石はかつて高次の愛と叡智《えいち》を有する霊能力者が天地の波動調整や通信手段として用いた身近で親しい存在だったのだが、今では天柱石には幾重にも結界《けっかい》が張られ、本来の機能が果たせなくなっていると喜楽さんは言う。

喜楽さんたちの説明は続いた。本来の天柱石は、位山の光岩と同様に宇宙の光を受発信する光通信装置のアンテナのようなものであった。ところが今は、そのアンテナも錆び付いて、働かなくなった状態になっているのだという。

ではどうすれば、元の機能を回復できるのだろうか。

それは感謝と愛と祝福のエネルギーを送ることであると言って、喜楽さんが主導する形で、天柱石の本来の姿を取り戻すための祈りが始まったのである。肉眼では見えないので、喜楽さんたちの説明を紹介すると、喜楽さんが「天の窓」を開き、天柱石に「宇宙の光（宇宙創造主の光）」を下ろし、ひめのさんは「忘れ去られた悲しみ」を感じながら、天柱石に「愛のエネルギー」を注いだのだ。

ところが「天の窓は開いたけれど、まだ大地に宇宙のエネルギーが降りていないなあ。あともうちょっとなんだけど」と喜楽さんは言う。私も先ほどから祈っているのだが、祈り方が足りないのだろうか。再び三人で天柱石の機能を回復させる祈りを続けた。

するとほどなく、先ほどまでの雨も上がって、空が少し明るくなってきたではないか。どんよりとした雲間から薄日も差してきた。信じられないような天候の変化であった。だが、まだもう少し。天と地が開いても、肝心の人間（地球上の生物）の心が開かれないと、天柱石が完全に開かれたことにならないのだという。

そこで最後の仕上げとして、天柱石全体が見渡せる「天《あま》の真名井《まない》」と呼ばれる場所から祈りをささげることになった。「天の真名井」は、人工的に穴が穿《うが》たれ、その窪みに水が溜まるようになっている樽ぐらいの大きさの石である。その際、喜楽さんは私に「一人の力では天柱石を開くことはできないんですよね。このワークに参加する一人ひとりが天と地のサポートの下ハートを開き、それぞれの祝福を愛とハーモニーの意識の中で差し出す必要があります。布施さんは普段から自然のエネルギーと親しんでいるようですから、すべての動物、植物、鉱物のエネルギーで天柱石を祝福するように祈るといいですよ」と助言してくれた。

言われたままに、私はこの惑星に存在するすべての動物、植物、鉱物に語りかけ、天柱石を祝福するように祈った。明るい草原の中で、天柱石の周りの水辺に鹿などの動物が集まり、蝶が楽しそうに戯《たわむ》れ、鳥が至るところでさえずっているようなイメージを心に描いたのである。

しばらくすると、天の計らいか、なんと日の光が天柱石に当たりはじめたではないか〔写真⑰〕。先ほどまでの雨空がまるでウソのようである。その時、ひめのさんと喜楽さんが、天柱石に日が射している部分を指差して「虹色が見える」と声を上げた。私もすぐにその場所を見たが、残念ながら虹色は見えなかった。でも私はそこに、紫色にきらめく天柱石を見たのであった。それはあたかも、紫色の桐の花が天柱石に咲いているようでもあった。

自然界の動物たちは敏感なので、天柱石の周囲の気が変わったのを感じとったのだろう。紫色に輝く天柱石のそばを蝶が舞い始め、鳥もさえずり出したのだ。その輝きに誘われるように、ひめのさんも天柱石のそばに駆け寄った。私たちも、天柱石に光が当たっている部分を確認するために、彼女の後を追った。

紫色がかった岩肌には、緑のコケが生えており、それがきらきらと光っていた。そしてその岩肌を伝って、今しがたまで降っていた雨の雫《しずく》が滴《したた》り落ちていた。何という天の演出だろう、と私は感じざるをえなかった。長年暗闇に閉ざされていた氷が融け、それが天柱石から流れ落ちているかのようであった。「大昔に置き去りにしなければならなかったわが子と再会したみたい」と言いながら、ひめのさんはポタポタと落ちる雫を全身に浴びながら、顔を輝かせる。その笑顔を見ていると、私まで楽しくなってしまった。

天柱石は天、地、人、自然すべてとのハーモニーを取り戻し、愛と喜びと祝福の歌を奏ではじめたと、喜楽さんとひめのさんが笑顔で語った。天柱石は無事、「開かれた」のだ。

ある愛の物語

帰る段階になって、喜楽さんが再び「雪の華」を歌い始めた。そして携帯で検索した歌詞を私に見せながら、「布施さんにもこんな恋の物語があったんですね」とニコニコして言う。

天柱石が開かれたということは、私の心の氷も融け出したのだろうか。私にも、その「恋の物語」の意味がわかってきていた。天柱石にいる間、私が思い出していたのは、ある大昔の恋の物語であったからだ。その物語の中の主人公は、妻をエジプトに残して日本にやって来た。

写真⑰ 日の光が当たりはじめた天柱石（奥）とひめのさん。

その男性は何とかして愛する女性の元に帰るか、それができなければ、少なくとも連絡を取ろうとしただろう。もし天柱石や位山の光岩がテレパシーを増幅させる装置としての機能があったのなら、きっとその男性もそれを使って恋する人と交信しようとしたに違いない。その試みは成功したかもしれないし、失敗したかもしれない。ただわかっていることは、その男性は二度とエジプトに戻ることはなく、日本で亡くなったのである。

二人の悲しみはいかほどであっただろうか。私は、いつまで経っても戻って来ない男性のことを想い続けたであろう、エジプトに残された白い服の女性の気持ちを考えた。それから何千年という月日が流れたのだろうか。白い服の女性はそのことを思い出してほしいと願っているように思われた。「私はここよ」「あなたの妻だった私のことを思い出して」——私には白い服の女性が、天柱石を通してそう語りかけてきているように思えてならなかった。

天柱石には四十分ほどの滞在だっただろうか。そのわずかな間に、天気は雨空から青空へと劇的に変化していた。すべての緑が、花々が、川や山が、そのエネルギーの本質から光り輝いているように見えた。

私たちは天柱石を後にして、車が止めてある場所へと急いだ。いつもなら天柱石のそばに駐車できるのだが、このときは落石で道路が「車両通行止め」となっていたので、歩いて十五分ほどの場所に駐車していたのである。その途中の道端に、私は再び桐の花が咲いているのを見つけた。その時である。ひめのさんが急に「何か降りてきた」と言う。ひめのさんは霊媒体質なので、何かが「降りてくる」ことがよくあるのだという。「なんだろう。声が出ない唖者の方みたいですね」

唖者！　実はその人こそ、エジプトで男性を待っていた白い服の女性にほかならなかったのだ。私はあえて何も言わずに、ひめのさんの次の言葉を待ったが、そのまま「唖者の方」はいなくなってしまったと言う。たとえ一瞬でも、私には十分であった。

断っておくが、エジプトの白い服の女性の物語は、私と後に私のパートナーとなるfurafuranさんだけが知る物語であった。それなのに、ひめのさんと喜楽さんは、その物語をまるで知っているようでもあった。

この話には後日談がある。それから一年五カ月が過ぎた二〇〇九年十月、私たちの家にひめのさんと喜楽さんが遊びに来たことがあった。そのとき喜楽さんは、私とfurafuranさんが並んで歩いているのを見て、「さっきから雪の華が聞こえてしょうがないんだよね」と言ったのだ。そう、「雪の華」は私たちのテーマ曲であったのだ。

位山からのメッセージ

天柱石に話を戻そう。ようやく車までたどり着き時計を見ると、午後二時半になっていた。私たちは急がなければならなかった。というのも、高山からの帰りの電車やバスの出発時刻から逆算して、次に立ち寄る予定の岐阜県・白鳥町《しろとりちょう》を訪れて高山まで戻れるかどうか微妙な時間になっていたからだ。白鳥町へ行くことは前日の話し合いの中で決まっていた。もちろんそれは、喜楽さんのリーディングの結果でもあった。

東海北陸自動車道が開通していれば問題なかったのだが、当時は荘川《しょうかわ》インターまではくねくねした山道を進まなければならなかった。気持ちは焦れど遅々として進まず、「もしかしたらたどり着けないかもしれない」などと話していると、喜楽さんが「今メッセージが届いた」と言う。「ちゃんと来るって言ったじゃないか」と、白鳥町からの催促のメッセージだったという。ひめのさんも「何か行かなければいけないみたい」と言う。「こういうときはプレゼントが待っていることが多いんだよね」と喜楽さん。

そんなに大切な場所ならば、行かないわけにいかなかった。時計を睨みながら、急ぎ足の運転となった。その結果、荘川インター入り口に着いたころには何とか目途が立ち、喜楽さんの地図リーディングで白鳥町の白山文化の里「白尾ふれあいパーク」が目的地に設定された。

そのころまでには空は強烈に明るくなり、助手席のひめのさんは、奇妙な形の雲を見つけては「UFO雲だ」とか「UFO軍団がやって来て祝福しているみたい」と、はしゃぎ始めた。私もUFO雲を見たかったが、運転しているのでそれもままならなかった。ようやく「ひるがの高原サービスエリア」に着いたので、私もゆっくりと空や雲を観察することができた。

確かに空も山も高原も、まぶしいほどの光で溢れているようであった。その中を、まるで彫刻したような奇妙な形の雲の一団が次々と低空を流れていく〔**写真⑱**〕。喜楽さんも「こんなに空が輝いているのは珍しい。天柱石が開かれたのを喜んでいるのかな」と言う。

疑り深い私は、念のために後日、国際気能法研究所の秋山氏にも写真鑑定してもらった。その結果は「神渡り」かもしれないというものであった。秋山氏によると、神々が喜んでいるときや、お祭りや儀式のときに、鳳凰や天女のような雲が次から次へと形を変えながら現れる祝福の雲の列のことだという。神とは、秋山氏の定義では同時に多数存在できるものということであった。やはりあの雲の列は、喜楽さんが言ったように、「天柱石が開かれた」ことに対する天からプレゼントであったのだろうか。

「白尾ふれあいパーク」でも、空は輝くようにまぶしかった。喜楽さんの説明によると、白鳥町全体に光が降りてきているのだという。私も何気なく空を見回して、空の写真を一枚撮った。それは一見、何の変哲もない空の写真であったが、よく見ると、紫の光の柱が空に立っているように見えるではないか〔**写真**

写真⑱ 奇妙な形の雲の一団が
次々と低空を流れていった。

写真⑲ 紫の光の柱が空に立っているように見える。

⑲」。レンズを通した光の乱反射に過ぎないのかもしれないが、仮にそうだとしても、紫はこの日繰り返し現れるシンボルの一つであることは否定できない事実であった。ちなみに紫はスピリチュアル的に、頭頂のチャクラと関係が深く、意識のより高い次元との繋がりや悟り、直感力、自己実現などの意味があるのだという。

こうして、何もかもが順調にいったようであった。私たちはすべての日程を終えて、帰途に就いた。しかしその途中、またもや不思議なことが起きる。助手席のひめのさんが昨日登った位山のことを思った瞬間に「大きなエネルギーが降りてきて」昏睡状態となり、運転席側に倒れこんできたのだ。私は一瞬、ハンドルを取られそうになった。喜楽さんが後部座席から手を伸ばして、運転の邪魔にならないようにと、ひめのさんの体を窓側へと押しやってくれた。しばらくして目を覚ましたひめのさんが言うには、なんでも位山から私へのメッセージがあったのだという。

運転中だったので、後で聞かせてもらったそのメッセージは、極めて短かく、また意味もよくわからなかった。だが、私が忘れて久しい、遥かなる時間を超えて響く言葉のようにも思われた。

北斗新星の光を
受け継ぐものへ

七宝の宝を

ひめのさん、喜楽さんとの旅は、貴重な体験であった。この旅により、スピリチュアルワーカーという人たちが何をやる人たちなのかわかってきたからだ。彼らはエネルギーの滞っている人や場所に「光」を下ろし、その場や人が持つ本来の生き生きとしたエネルギーを復活させたりする「仕事」をしているようだ。もちろん目に見えない世界の話であるため、物質的な視点で見ると、何の変化も現れていないように見える。ただ内面が変化したり、その場の気やエネルギーが変わったりする現象は起こるように思えるのだ。

事実、私はこの天柱石での出来事があった後、現在のパートナーのfurafuranさんと急速に親しくなっていく。私の心の氷が融けて、喜楽さんが言う「恋の物語」が成就《じょうじゅ》したとも解釈できるのだ。

それにしても、位山のメッセージの中にある「七宝の宝」とは何のことであろうか。これから始まる、七つの海をまたぐシンドバッド的大冒険によって授かる七つの英知のことか、宝だというからにはとても大事なものに違いない。そんなことを考えていると、傍らにいたfurafuranさんが笑いながら言う。

「七宝の宝のことなら私知っているわ」

「えっ、何だか知っているの？」

「ええ、私の母はよく七宝焼きをやっていたの。そして私たち姉妹のことを宝物のように大事に思っていた。だから七宝の宝とは私のことよ」

「はい、はい、そうでした。七宝の宝とはあなたのことでしたね。宇宙で一番大切な宝ですよ」と、私も笑いながら答えるのであった。

（第4章）

前世の記憶と転生のシステム①

〈自分の前世を知る〉

生きるべきか、死ぬべきか、それが問題だ――。シェイクスピア作のハムレットは、叔父が父を毒殺して母と結婚した事実を知り、この人生の一大事にどう対処するべきか深刻に思い悩む。それと同様に、輪廻転生《りんねてんしょう》があるのか、ないのかは、人間が生きるうえにおいて、自分の人生そのものを変えうる一大事であるといえるだろう。

輪廻転生というものがなく、死後の世界もないのであったら、人間は刹那《せつな》主義的に生き、権力や金といった目の前の欲望を満足させることに力点を置くようになるかもしれない。輪廻転生はないが死後の世界があると思えば、よりよい死後の世界に行くために宗教に帰依《きえ》する者もいるだろう。そして輪廻転生があるとする者は、自分がなぜ今この環境に置かれているかを考え、その答えを過去生や未来生に求めようとするかもしれない。

本当に輪廻転生があり、人の魂は死後も生き続け、生まれ変わりを繰り返すのだろうか。そのためにはまず、前世が一つでもあることを証明しなければならない。ではどうやったら証明できるのか。

証明といえるかどうかはわからないが、自分の前世を知る方法はいくつかあるとされている。自分で瞑想して、意識の奥深くに潜り込み、魂の底に眠る前世の記憶を探し当てる方法、超能力者や霊能力者に前世をリーディング（読み取ること）してもらう方法、チャネラーを通じて高次（別次元）の存在に前世について語ってもらう方法もある。そして、最近にわかに注目されるようになったのが、退行催眠で前世を知る方法だ。

退行催眠を使う方法は、アメリカの精神科医ブライアン・ワイス博士が書いた『前世療法』『魂の伴侶』などにより日本でも広まった。ワイス博士は、心に傷を受けた記憶（前世）を思い出すと、病（心の傷）が癒《いや》される患者がいることに気がついた。

彼は最初、前世の記憶など患者の脳が勝手につくり上げたビジョンだと思ったが、その描写があまりにも詳細でリアルであることから、現代科学では知りえない魂の世界があるのではないかと考えるようになった。やがて、お互いまったく面識のない二人の患者が同じ過去生を語りだすケースに出合うなどして、ワイス博士は輪廻転生の世界を確信するに至ったのである。

私は当初、これらの方法のうち自分で瞑想して過去生へとさかのぼれないか試してみた。退行催眠や瞑想用のテープ・ＣＤはワイス博士によるものを含め多く市販されているので、それらを購入して実験を開始した。すると、確かに夢のようなビジョンは見るが、夢と同じで一体それが何であるのかまったくわからない。

そもそもテープを聴きながらリラックスすると五分と経たないうちに眠り込んでしまい、その間に見た夢もすぐに忘れてしまう。ワイス博士は二カ月間毎日瞑想を繰り返した結果、鮮明なビジョンを見ることができるようになったと言うが、私の場合は生来の怠け癖のせいで三日坊主になることが多かった。

やはり自分で過去生へさかのぼるのには、限界があるようだ。霊能力者や超能力者の話を聞いても、他人の前世は読めるが自分の前世はわからないという人は意外と多い。自分の前世を見る場合、無意識的に何かブロックするような作用が起きているのかもしれない。前世の記憶の扉にはカギがかかっているのだ。

超古代史の闇に光を当てる

ここで私がどうして自分の前世なるものに興味を持つようになったのかを話しておこう。もちろん輪廻転生が事実かどうかを確かめるという動機もあった。だがそれよりも、もし前世がわかるなら、歴史の闇に光を当てることも可能だと考えたのだ。

私が共同通信社富山支局の記者だった一九八四年の春、当時富山大学文学部で国文学を教えていた山口博教授から一冊の変わった本をいただいた。それは「竹内文書」という謎の古文書について書かれた本であった。山口教授から勧められるままにその本を読んだところ、日本についてのなんとも奇想天外な(超)古代史が記されていた(**写真⑳**)。それによると、古代日本には天空浮船を操って世界中を飛び回るなど高度な文明を持った「神々」がいたというのだ。最初の印象としては、「何というふざけた本だろう」と私は思わざるをえなかった。

ところが、「竹内文書」の中の、とある記述が私の心を強くとらえたのである。それは「国之常立が天空浮舟に乗って祖来ヶ峯へ羽根飛び登り行くところを羽根と名付ける」という、羽根という地名の由来についての記述であった。興味を覚えた私は、試しに羽根という地名を地図上で追ってみた。すると驚いたことに、富山市、岐阜・萩原町、愛知・岡崎市、渥美半島と合計四カ所に羽根と付いた地名が東経一三七度一一分の南北線（経線）上に並んでいたのである。私はまさかと思ったが、偶然の一致ということもあると思い、念のためにその南北の線をさらに真北へ、すなわち富山湾を越えて奥能登へと伸ばしていった。もし富山湾を越えた対岸の経線上にも羽根という地名があれば、偶然の一致ではないのではないかと思えたからだ。

　思いがけないことが起きたのは、その時であった。奥能登へと地図上で目をやったとき、奥能登の最高峰である宝立山の南に羽根という地名があ

写真⑳ 富山支局時代に竹内文書を基に書いた私の記事。

ることを知っているという確信に満ちた感覚が沸き起こったのだ。そして、まさにその場所に、羽根という地名があった。狐につままれたような気持ちとはこのようなことを言うのだろうか。

さらに驚いたのは、その経線の正確さであった。ここでは詳しい説明は省くが、太陽や星の高度から緯度は簡単に測定できても、経度の測定は精密な時計が不可欠であるなど非常に高度な測量技術が必要であったからだ。江戸時代後期に全国を測量し、日本で初めて緻密な地図を作ったとされる伊能忠敬《いのうただたか》でさえ、経度の測定では月食を使うなど苦労したものの、かなりの誤差を出してしまった。ところが、平安時代以前からあるとみられる五カ所の羽根という地名を結んだ経線は極めて精確で、明らかに伊能よりも優れた測量技術が古代日本にあったことを示していた〔**次ページの地図参照**〕。

これは私にとっては一大事であった。偽書か冗談に思えた「竹内文書」が、もしかしたら大変な秘密を隠した「歴史書」である可能性が出てきたからだ。少なくとも「竹内文書」には私たちが知らない、本当の歴史の一端が隠されているかもしれないと思うようになった。

しかしながら、私の研究や取材もすぐに壁にぶつかってしまった。古代の日本に、高度な測量集団がいた可能性は指摘できても、それ以上のことを証明する手がかりや証拠が一切出てこなかったからだ。文献を調べ、遺跡を巡るだけでは、自ずと限界があった。

そのような行き詰まりを打破するため、私は一か八かの方法を取ることにした。それは謎の答えを自分自身に求めることであった。もちろん、それには大胆な仮定が必要である。東経一

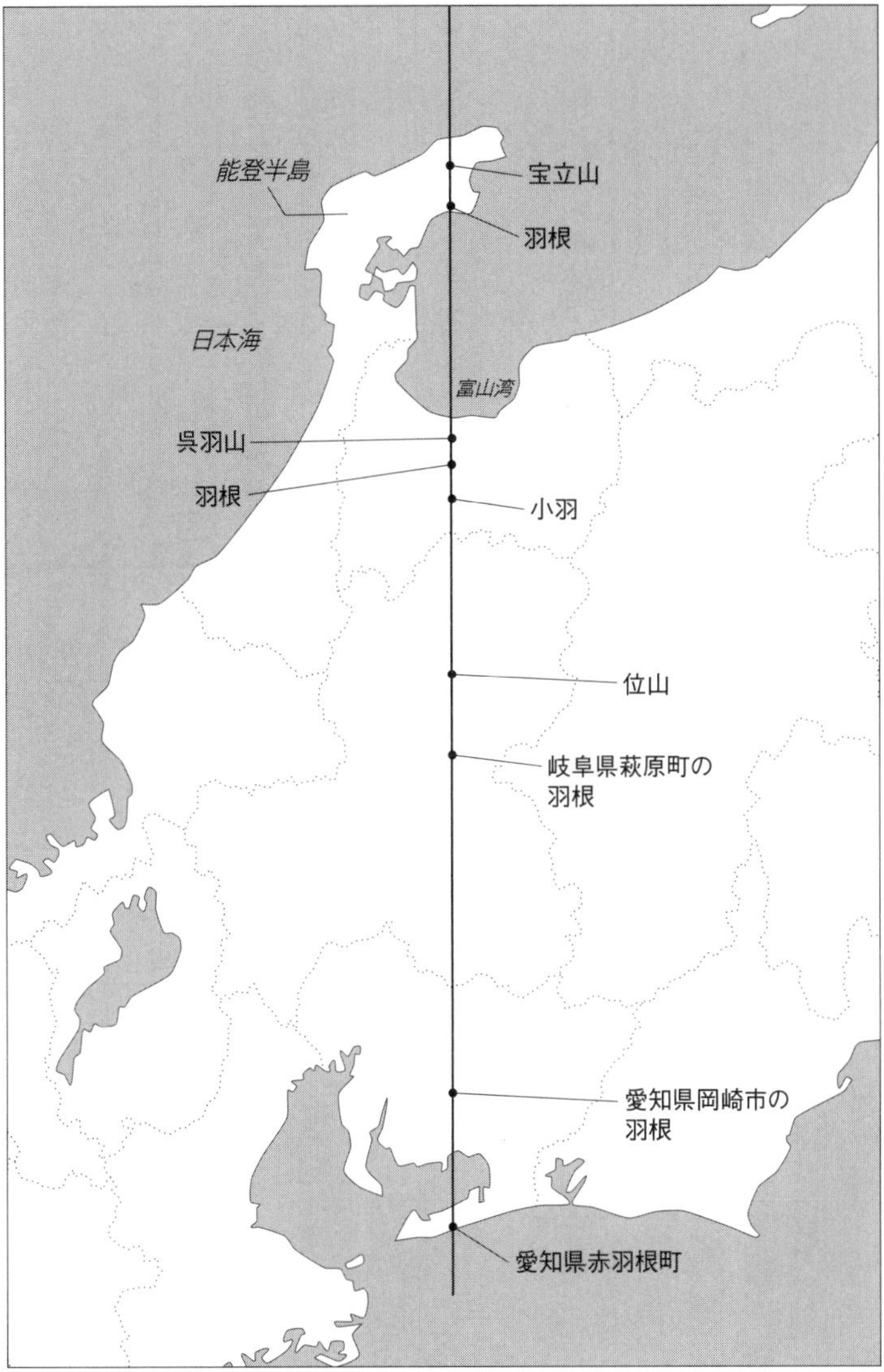

羽根という地名が東経137度11分の南北線上に並ぶ。

三七度一一分の羽根ラインを今生《こんじょう》で見つけ出し、それを世に知らしめた人物であるならば、仮に前世や輪廻転生があるとしたら、古代の羽根ライン形成にかかわっていた人物でもあるのではないかという仮定である。

前述のように、自分の力だけで前世を思い出すのには限界があった。そこで、退行催眠を施術してもらい、羽根ライン形成にかかわったとみられる自分の過去生を覗いてみることにしたのだ。

二〇〇六年十二月、私は主旨を説明した上で東京の池袋ＹＭ心理センターの武藤安隆氏に退行催眠をかけてもらった。

催眠療法と退行催眠

武藤安隆氏は一九五二年生まれ。元々は中学校の国語教師だったが、一九八九年に池袋ＹＭ心理センターを開設、催眠療法を中心とした心理療法を始めた。現在は催眠指導者の養成も行っている。

ここで催眠療法について簡単に説明しておこう。人の心の中で潜在意識は大きな部分を占めている。心の中で意識の働きが占める割合はせいぜい数パーセントで、九〇％以上は潜在意識が司っているとも言われている。催眠術は、その潜在意識に直接働きかけ変化を起こさせることができる強力な手段だ。つまり催眠療法とは、催眠で潜在意識を変えることにより、その人の行動や感情（気持ちの持ち方）を劇的に変化させ、長年悩んでいた問題を解決させる療法である。

退行催眠は催眠療法の一つとして使われる。現在抱えている問題と深い関係がある自分の過去まで催眠でさかのぼり、問題の根本原因を探り出すのである。たいていは幼児期にまでさかのぼれば問題は解決するとされているが、ごく稀に自分の「前世」にまでさかのぼらないと解決策が見出せない場合がある。それが催眠療法の中の前世療法と呼ばれるものだ。

催眠術をかけてもらった人でないとわからないと思うが、催眠といっても意識が途切れるわけではない。普通に起きているときと同様に会話ができる。それに意識的に拒絶すればまずかかることはないので、催眠状態になりたければ自分から進んで自己催眠や自己暗示をかけなければならない。催眠術師は自己催眠を手助けするにすぎないのだ。

このように前置きをするのにも理由がある。以前、幽体離脱の実験をやったとき、つい拒絶してしまって、失敗した経験が二度あるからだ。一度目は自宅で、幽体離脱のためのマントラを唱えると、胸の辺りにエネルギーの塊《かたまり》みたいなものが膨《ふく》れてきて頭頂部から抜け出ようとするのを感じた。そのとき恐怖心から拒絶したため、その塊は私の体の中をギュンと一回転した後、ほどなく萎《しぼ》んでしまった。

二度目はあるチャネラーの自宅で、私を含め五人でテーブルを囲んで会話をしていたところ、チャネラーが急に「声が手をつなげと言っているよ」と言いだした。理由はわからなかったが、言われたとおりに両隣に座っている人と手をつないだ瞬間、あのエネルギーの塊のようなものがグググッと胸の辺りからせり上がってきて、やはり頭頂部から抜け出ようとするのを感じた。「これは大変」と慌てて拒絶したら、何とか落ち着きを取り戻すことができた。後で聞いたら、手をつなげと言ったのは、魂が肉体を離れてビジョンを見てくるという実験のためだったという。

二度とも、もし拒絶しなかったら、幽体離脱を体験できたかもしれない。催眠も同じである。拒絶すれば、かからない。だが、それでは実験は失敗してしまう。

これらの経験から私は、今回の実験においては拒絶しないと決めていた。催眠術をかけてもらうのではなく、催眠術を自分にかけるつもりで臨んだ。素直な心になり、すべてのビジョンを拒絶することなくそのまま受け入れるのだ。

さあ、心の準備は整った。果たして過去生へと旅立つ実験は成功するだろうか。

〔閉ざされた過去の世界へ〕

六畳ほどの部屋にはリクライニングシートが一つ置かれていた。シートを倒して横になる前に、椅子に腰掛けたまま簡単なテストが行われた。心の準備体操のようなものである。

最初はきわめて古典的な催眠誘導方法が試された。五円玉を吊るしてそれを見つめるのだ。ただし、自分でヒモを持って五円玉を横に振れさせる。強く左右に振れるように念じると、五円玉は左右に大きく振れる。円を描くようにイメージすると、五円玉が円を描き出す。無意識に筋肉を動かして、イメージ通りに五円玉が動くようにさせているようである。

次に両手を前に出して、右手の手の平を上向きに、左手の手の平を下向きにする。右手の上には重い鉄のボールがあり、左手の下には上に昇ろうとしている風船があることをイメージする。目をつぶっている私に対して武藤氏は「右手が重くなり、左手が軽くなる」と暗示をかける。すると次第に、右手は下がり、左手は上がっていくのである。

当然のことながら、心で拒絶すれば、五円玉は動かないし、右手が下がることもない。ここで重要なのは抗《あらが》うことではなく、心を解放してイメージが持つ力を信じることである。

この二つのテストをクリアした後、リクライニングシートを倒して横になり、室内の照明を暗くしていった。瞑想しやすいように静かな音楽も流れている。私は全身の力を抜き、シートに身を委ねながら深く沈みこむ。

武藤氏の声が聞こえる。

「これから体中の力がだんだん抜けていきます」「背中の力が抜け、腰の力が抜け、膝の力が抜けていきます」「体が椅子の中に沈み込んでいきます」「肩の力が抜け、あごの力も抜けます」「まぶたの力が抜け、目の奥の力もスーっと抜けます」

そしていよいよ、過去への誘導が始まる。

「あなたの目の前に階段が見えます。どこまでも続く階段があります。これからあなたはこの階段を一段ずつゆっくりと降りていきます」「一段、一段と降りていきます」「トントンと足音が響き渡ります」「あと一段です」「さあ、着きました」「目の前には扉があります」「その扉の向こうには、羽根ラインのどこかの場所があります」

武藤氏の誘導が始まると間もなくして、私にはある光景が見えてきていた。

「ああ、草原が見える」と、私は心の中でつぶやいていた。草の匂い。高原を吹き抜ける風。走り回る子供たち。

ここはどこだろう。

時空のバリアを超えて

「ここはどこだろう」と思うと同時に、おぼろげながら地図が見えてきて、「大沢野《おおさわの》」という地名が頭に浮かんだ。どうやら富山県にある羽根ライン上の場所らしかった。

「扉を開けるとあなたは、羽根ラインのどこか一カ所に立っています」と、誘導の方は少し遅れて、今見ている場所へ行くように私に語りかけていた。誘導よりも先に、扉を開けてしまったようだ。しばらく私は、その高原の風景を眺めていた。

「今あなたはどこにいますか」

「高原にいます」

「何が見えますか」

「子供たちがいて、蝶々が飛んでいます」

「近くに山とかが見えますか」

高原にいる私は、周囲を見回した。遠くに山々が見える……。と、その瞬間、そのうちのひとつの山が拡大されて、大きく私に迫って見えた。夢の中でよくあるズームイン現象である。

「遠くの方に山が見えます」と、私は答えた。

私はここで何をしているのだろう。子供たちの中に私がいるのか。私は女の子、それとも男の子？　私は誰なのだろう。

「山は一つだけですか」

「いいえ、いくつもの山が見えます」

山々は南の方にそびえ立ち、北の方面には平野部が広がっているようであった。

武藤氏の誘導は、核心の羽根ラインへと迫っていく。

「古代のある時点において、羽根のラインを築いた人たちのエネルギーを感じるようにしてください」「あなたは時空を超えて、古代の人たちのエネルギーを感じることができます」「あなたの魂はこの時代に生きていた人の肉体に宿っていて、羽根ラインの形成にかかわっていたかもしれない」「あなたは純粋な魂となって肉体を離れ、時間と空間のバリアを超えて、羽根ラインが築かれた時代に戻っていきます」「過去へ過去へと戻っていきます」「あなたは羽根ラインが築かれた時代へと戻っていきます」「あなたがその時代に肉体を持って生きていたなら、その人の人生に戻っていきます」

武藤氏は二十からカウントダウンを始めて、過去へ過去へと私を誘導していった。

「二十、十九、十八……どんどん過去へもどっていきます……十五、十四、十三……過去へ過去へと戻っていきます……十、九、八……私がゼロまで数えると、あなたは羽根のラインが築かれた時代へ戻ります……五、四、三、二、一、〇……」

焚き火の光景

武藤氏の誘導は続いた。

「辺りをよく見てください。あなたは寝転がっているかもしれないし、立っているかもしれない。よく見て、そして感じてください。地面の上なのか、それとも建物の中なのか。そして自分の体を感じてください。自分の体が女の体なのか、男の体なのか、周りに誰か人がいるのか、何か聞こえるのか、よく見て、聞いて、感じてください」

その誘導の最中、私が見ている場面は夜、山の中で火を焚いている光景へと変わっていった。

どうやら先ほどと同じ時代の、同じ高原のようであった。かなり大きな焚き火である。炎が人間の背丈よりも高く上がっていた。その周りを取り囲むように人の気配がする。

「焚き火が見えます」と私は言った。

「あなたは焚き火のそばにいるんですか」

私はこの質問には答えず、辺りの様子を注意深く眺めていた。

「焚き火に当たっている自分を外から見ているんでしょうか、それとも焚き火を見ている自分自身の中にいるのでしょうか」と、再び武藤氏が尋ねた。

「自分自身です」と、私は答えた。

私には、火の粉を撒き散らしながら、炎が夜空を焦がすように燃え盛る光景が見えていた。

「そばに誰かほかの人がいるでしょうか」

「いる感じがします」

「自分の体をよく感じてください。あなたは女性ですか、男性ですか」

「……わかりません」

「体は若い肉体でしょうか、年老いているでしょうか、それとも子供でしょうか」

「子供かな？　ちょっとわかりません」

「どんな思いで焚き火に当たっていますか」

私は火を見つめている自分に意識を集中した。

物々交換のシステム

薪を燃やす炎は漆黒の闇を背景にして赤々と輝いていた。ひんやりとした夜の空気と焚き火の暖かさが、あちこちで渦を巻いて、交じり合っているようであった。だが、意識の感覚が希薄なせいで、自分が誰なのかわからない。私は何者で、何をしているのだろう。

しばらく黙っていたので、武藤氏が聞きなおした。「見たり、聞いたり、感じたりしていることを自由に話してください」

「かなり大きな火を焚いています。自分の周りには人がいます」

「みんな立っているんですか、座っているんですか」

「……」

意識を周囲に向けたが、はっきりしなかった。何か祭りをやっているようだったが、それも希薄なイメージにすぎなかった。

「火を見つめて、何を感じていますか」

「……」

意識を捉えることができずに、私は答えることができなかった。数分間、沈黙が続いた。

そこで武藤氏は、時間を動かすことにしたようだ。

「今から十を数えると、時間が戻ったり進んだりします。といっても大きく動くことはありません。その日の昼間か、翌日の昼にいます。十、九、八……三、二、一」

場面は切り替わり、昼間になった。私は高原のはずれにある崖のそばにいた。崖の上からは、平野部が見渡せる。さらにそのはるか向こうに海があるようだった。

「どうなっていますか」と武藤氏は聞いた。

「山の見える反対側、平野が見渡せる場所にいます。何か作業をしています」
四、五人の男性が崖の上で作業をしていた。崖には滑車のようなものが取り付けられており、そこに縄を通して、崖の下から荷物が詰まれた竹のかごを引き上げているようだった。
「自分で見聞きしていることをドンドン話してください」

「ロープを使ってかごを引き上げ、かごの中の荷物を運んでいます」

「あなたはそれを見ているのですか、それとも荷物を運ぶ作業をしているのですか」

「見ているようです」

「監督をしているということでしょうか」

「(自分が)子供なのかな。(大人の)作業を見ているという感じがします」

「荷物を運んでいる人たちを、あなたは知っていますか」

「名前はわからないのですが、同じ村の人たちです」

「見ているのは面白いのでしょうか」

「興味をもっているようです」

「どんなものを運んでいるのですか」

「野菜とか、食べるものを運んでいます」

どうやら平野部で採れた野菜や果物を、私の住む高原の村に運ぶ作業であったようだ。逆に山間部で採れた山菜やキノコなどを、同じかごを使って平野部へ輸送することもしていたように感じた。山間部の村と平野部の村との間には、物々交換のようなシステムが存在しているように思えた。

アイヌの狩人

「あなたは何と呼ばれていますか」

「……」

自分の名前は浮かんでこなかった。

「ところで羽根という地名を知っていますか」

「……」

当時の自分には、羽根という地名を知っているようには思えなかった。

「場所はどこなんでしょうか」

「富山平野を見渡す高台のようなところです。平野の向こうに海が見えます……」

私はあえて地名を述べずに、私がいる場所を描写した。しかしこれ以上、この場面での物語の進展はなさそうに思えた。

しばらく沈黙が続いた後、武藤氏が口を開いた。

「ではここで、時間を動かしていきましょう。あなたはあなたのままですが、あなたの人生の後の場面へと移っていきます。今より大人になっているでしょう。体も大きくなっているでしょう。いろんなことをよく知っていることでしょう。そしておそらく、羽根という地名のことや、羽根に関することを知っていることでしょう。私が今から十から〇まで数えると、そのような、あなたの人生のある時点まで進んでいきます。十、九、八……三、二、一、〇」

場面が変わった。私は高原の森のそばにいるようであった。

「どうなっていますか」と武藤氏が聞いた。

「弓と矢を持っています。狩りをしているようです」

私がそう言うと、草原に鹿の姿が見えた。鹿はこちらの気配を察知して、振り向いた。その瞬間、矢が放たれた。鹿はドサッとその場に倒れた。

それをビジョンで見た私は「あっ、鹿を射《う》っちゃった！」と、思わず武藤氏に告げていた。このビジョンを見ていた現在の私は、少なからぬショックを受けていた。いくら生きるためとはいえ、現在の私は鹿を殺すことには反対であるから、動揺していたのだ。殺された鹿が哀れでならなかった。これが私の前世の姿だとしたら、私は動物を射る狩人であったのだ。

ここで私は面白いことに気がついた。私の意識はこの狩人を外から見ていたからだ。一瞬、私の前世はこの狩人ではなく、そのそばにいた人かなとも思ったが、私の直感はこの狩人が自分であると言っているようだった。

私は外から、この若き狩人を観察した。年齢は二十歳ぐらいだろうか。腕っ節は強そうで、がっしりとした体をしていた。服装はアイヌの伝統衣装のようで、額にはアイヌの鉢巻であるマタンブシを巻いていた。目が大きく、眉毛は濃い。丸顔で、指揮者小澤征爾《せいじ》氏の息子で俳優の小澤征悦《ゆきよし》氏に雰囲気が似ていた。

「アイヌの人のような格好をしています」と私は言った。

火の儀式と長老

「あなたがアイヌの人のような格好をしているのですか」と武藤氏は聞いた。

「そうです」

「場所はどこですか」

「高原です」

「射止めた鹿はどうするつもりですか」

「食べるために持ち帰るんでしょうね」

「食料は主として狩りによって得ているんですか」

「穀物も採っているようです」

「鹿の肉はどうやって食べるのでしょうか。皮はどうしますか」

「……」

私の意識が拒絶しているためか、鹿の解体に関するビジョンは一切見えてこなかった。

武藤氏は話題を変えた。

「それでは、何か儀式のようなことが行われたりしますか」

「火を使った儀式をしていたようです」

「では私が指を鳴らしますから、火を使った儀式の場面に移ります」と言い終わると、指をパチッと鳴らした。

「どのような様子ですか」

「長老が何か話しています」

集落のようなところで、やはりアイヌの伝統衣装のような服を着た、白髭をたくわえた長老が、集まった村人たちを前に語っている光景が見えた。

「長老が話していることを聞いてください」

「……」

「どんなことがわかりましたか」

「何か説明しているようだけど……」

意識を集中してみたが、長老が何を語っているのかわからなかった。

「昼間ですか、夜ですか」

「夜……」

「あなたは羽根について何か知っていますか」

「……長老は知っているかもしれません」

「私」の最期

このとき、私が武藤氏に頼んでいた録音テープの片面（一時間）が終わる音がした。武藤氏がそのテープを裏返す間、質疑応答が中断した。

再び録音が始まると、武藤氏は質問した。

「あなたがいる村は、よその村との交流があるのでしょうか」

「物品の交換はしていたみたいです。ロープを使って谷のほうから荷物を上げていたのも、谷《たに》間《あい》の村と交流していたからだと思います」

「あなたがいる村は山の中にあるようですけれど、海のものと交換することがあるのでしょうか」

「魚……。よくわかりません」

「あなたは今何歳ぐらいですか」

「三十八？」

先ほどより、さらに歳をとったようだった。

「家族は」

「……いるかもしれません」

私は、この時代の意識に完全には入り込むことができずにいた。自分と思われる人物の意識が読み取れない。ぼんやりとしか、状況が浮かんでこないのだ。

「村には長老以外にも、あなたより年上の人たちがたくさんいるのでしょうか」

「……」

答えが浮かばず、黙っていた。

「別の言い方をすると、あなたはまだ、村のしきたりだとか、何か伝えられてきていることとかについて、そんなによくは知っていないのでしょうか。これからもっともっと、いろいろなことを知るようになるのでしょうか」

「……」

質問の意図はよくわかったが、意識がその時代から離れて、かなり希薄になっているのが感じられた。

「よくわかりませんか」という武藤氏の問いかけに、私はうなずいた。

「それではまた、時間を動かしていきましょう。あなたの人生のもう少し先の場面に行きます。十、九、八……三、二、一、〇」

薄暗い場所で、横になっている翁《おきな》が見えてきた。

「どうなっていますか」

「年老いた白髪のおじいさんが寝ていると言うか、病床に伏しています」

「今、床の中で、どんな思いでいますか」

「……」

私はしばらく、その老人の意識を探っていた。

「自分の人生を振り返って、いかがでしょうか」

「満足している感じです。何も問題はなかった。平穏で、戦《いくさ》もなかった感じがします」

「何か周りの若い人たちに、伝えておきたいこととかはありますか」

「何か教えていたようです」

「たとえば？」

「気象の見方とか、狩りの仕方を教えています。道具の使い方とかも」

「あなたはこの村を出たことはありますか」

「山の中を随分入って、遠くまで行ったことはありましたが、必ず戻ってきました」

「海の近くへ行ったことは？」

「（多分）あるでしょう」

「あなたはもう随分お歳を召されているから、いろいろな経験をなされているでしょう。この村の伝統とかについても、ほかの人が知らないことも知っているのではないでしょうか」

「……」

「特定の人しか知らされない秘密のようなことを知っていることはないですか」

「……」

武藤氏が何とかして羽根ラインの秘密を探り出そうと質問してくれていることは、私も理解していた。だが、それについての情報がまったくつかめないでいた。やはり退行催眠で古代史の謎を解き明かそうなどという試みはうまくいかないのだろうか。

時間だけが過ぎていった。

そこで私は、直感で思っていることを武藤氏に告げた。

「羽根ラインが築かれたのは、多分もっと前（の時代）です。この時代の人たちはもう、（羽根ラインを）使っていません」

「羽根という地名もあなたは知らないということでしょうか」

「知っている感じもあります。でも昔の話みたいに感じています。なんとなく」

「わかりました。それでは……あなたはこれから肉体を離れていきますよ。そして、あなたという人間になる前に、別の肉体を持って、別の名前を持って、生きていた。その人生に戻っていきます。その人生であなたは、そう、羽根ラインの形成に深くかかわっているはずです。その人生に戻っていきますよ。数を十から〇まで数えていくと、その人生のある場面に行きます。十、九、八……ドンドン時間が逆戻りしていきます。そして、羽根ラインが築かれた、その時代に戻ります……三、二、一、〇」

場面がガラッと変わった。その瞬間、「おおっ」と私は心の中で叫んでいた。それは、これまでに見たことがないような光景であったからだ。

現れた巨大気球

そこには何と、巨大な気球のような乗物が中空に浮かんでいた。私は海岸に立っており、それを見上げていたのだ。

雲が低く垂れ込めたどんよりした日のせいか、あるいは日が暮れて夜になったせいか、辺りは暗く感じられた。暗がりの中で、海が白く波立っている。海風がビュービューと強く吹きつけ、巨大な気球も右や左へ大きく揺れているようだった。

場所はすぐにわかった。能登半島の先端近くの内浦にある石川県能都町《のとまち》の羽根——私が地図で確認する前に既に羽根という地名が存在すると知っていた場所である。

「周りをよく見てください。自分がどこにいるか、誰かほかの人がそばにいるか。そこでどんなことが起こっているか。何か聞こえるのか。よく見て、聞いて、感じてください……。さあ、どうなっていますか」

「……」

私は自分が見ている光景に圧倒されており、しばらく黙っていた。そしてゆっくりと説明した。

「見えている映像は、海岸で……海岸で巨大な気球が見えます」

「気球が空を飛んでいるのですか」

「空に浮いていますが、つながれているようです」

「そこに人々が集まっているのですか」

「(気球に)乗っていますね」

「どのくらいの人が乗っているんですか」

「十人ぐらい。かなり大きいです。何か作業をしています」

「あなたはどうしていますか」

「見上げています」

「何か作業しながら見上げているのですか」

「何かしているんですが……。何だか騒いでいますね」

このとき、気球に乗っている人たちが地上に向かって大声で叫んでいる光景が浮かんでいた。何をしろと叫んでいるのだろう。その叫び声も、強風によってかき消されてしまう。

「あなたを含め、そこに集まっている人たちは嬉々としているのでしょうか。それとも何か恐れのようなものを感じて、何かの準備をしているのでしょうか」

そのとき、心の中で「冒険」という言葉が浮かんだので、私は言った。

「冒険であると感じます」

〈気球船団、東へ〉

私はさらにその場の意識を探った。すると航海のイメージが浮かび上がった。

「(気球による)航海の作業をしているのかな」と、私はつぶやいた。本当なら航空と言うべきなのだろうが、催眠中の私には「船」のイメージが強かったので「航海」という言葉を使ったのである。

「あなた自身は、気球に乗ったことはありますか」

「ある感じがします」と答えながら、意識を集中していくと、大空を進む気球のかごの中にいる意識が感じられた。風を切って進む気球。雲海が下のほうに見える。周りには何機もの気球が同様に飛んでいた。どうやら山間部を、船団を組むようにして気球船が飛んでいるように思われた。「風が強いです。何艘(注:船のイメージが強いので艘という言葉が出てきた)も見えます……十何艘は飛んでいるようです」

「どっちの方向へ行くんでしょうね」

「東に流されている感じがします。山の方を飛んでいます。山の中です。西から風が吹いています……」

どのような目的で東へ向かっているのだろう。私は再び、意識を探った。すると、先ほどと同じ感情が現れた。冒険心――。私はそれを繰り返すように言った。「冒険という感じがします」

「あなたは若いんですか、中年ですか」

「若いのだと思います。十代か二十代ぐらい」

「普段、どんな暮らしをしているんですか」

「……木の実を集めて、食料にしています。着ているものは、毛皮かな……。毛皮のようなものを着ています」

「ところで、あなたは羽根という地名を知っていますか」

「気球と関係がありそうですね。……（羽根は）基地なんでしょうね。基地に羽根という名を付けていたような気がします」

「今、あなたがいるこの海岸は？」

「ああ、先ほどの海岸は、能登半島の羽根だと思います。そこに気球を係留したのでは……。最初に着いたのが、ここのような気がします」

「ではあなたは、ここ以外にも羽根という場所があることを知っているんですね」

「知っているようです。かなりの大集団ですね。大きな組織というか……」

「では、ほかの羽根という場所にいる人たちとも、何か一つの組織になっているのでしょうか」

「（ほかの羽根という場所に）移動して行った感じがします。冒険というか、もっと広範囲に（基地を）確保していったのかもしれません。かなり大きな集団でした。今は小さな村でも、（当時は）もっと大きかったような気がします」

アラブから来た人々

この気球船団はどこから来たのであろうか。

「あなたたちは元々、この地に生まれ育ってきたのでしょうか」

「……大陸の方から来ましたね。最初に旅立った地はどこなのかな……」

私は意識を集中した。すると、それまで動物の皮でできた、どちらかというと貧弱な服装をしていた人々の姿がガラッと変わった。古代ペルシャから中東にかけて暮らしていた人々のような身なりに変わったのだ。

「アラブっぽい気がします。昔のアラブ人……？」。彼らは荷物を運ぶなどせわしなく動き回っていた。何かを書いたりもしている。「ブッキング（自分の名前を書いて登録すること）をしているようです。これから冒険に旅立つという感じがします」

「あなた自身を含め、周りの人はどういう顔をしていますか。肌の色とか、顔の彫り具合とか」

私はこの質問には上の空で、旅立ちの準備で右往左往する人々の動きを見つめていた。ペルシャ人のようでもあり、アラブ人のようでもある。私はただ「活気があります」とだけ答えた。

これ以上質問しても埒《らち》が明《あ》かないと思ったのか、武藤氏は再び時間を動かすことにした。

「さあ、それではここで、あなたの人生の中で時間を動かしていきます。私が数を十から〇まで数えると、あなたはこの人生のもう少し先の場面に行くかもしれないし、後に戻るかもしれない。いずれにしても、気球とか、羽根という場所に関していろんなことがよくわかる時点に行きます。十、九、八……三、二、一、〇……さあ、どうなっていますか」

画面は変わって、山の中の静かな一軒家にいるように思われた。

「どこかに定住した感じがします」

「海の近くですか、それとも山間《やまあい》？」

「山間です」

冒険の果てに

この人生での私は、既に年老いているようであった。若いころは、スリルに満ちた激動の人生を送っていた。しかし、今この場面においては、冒険に次ぐ冒険で血沸き肉躍る人生は遠い昔の話となっていた。私の周囲を支配している雰囲気は、山奥の平穏と静寂であった。

私は状況を説明した。「静かです。冒険は終わったという感じです」

「あなたが住んでいるところは、人が多いんですか」

「少ないですね」

「たくさんいた仲間たちは、いろいろなところへ散らばったということですか」

「だいぶ散らばっています。（私が住んでいるところも）閑散としています」

「何か、その、いろんなところに散らばった仲間たちと、交信したりすることはありますか」

「……皆がどこにいるかは、わかっている感じです。見捨てられたわけではなく、お互いの場所がわかっているように感じます」

「理由があって、それぞれ分かれたんでしょうか」

「それぞれが好む場所を選んで、定住したのかな……。もっと遠くに行きたいという人もいたようです」

「あなたが住んでいる場所は何というところですか」

薄っすらとではあるが、地図が浮かんできた。どうやら静岡県の富士山のそばらしかった。

「静岡の山の中……」

「何か山の名前とか、知っている地名はありますか」

「……浮かびません」

「ところであなたたちはここに移動してきて、定住するようになったのですが、元々これらの地に住んでいた人たちはいないんですか。あなたたちがこの地を開拓したということですか」

「そうかもしれません。ここに元々人が住んでいたという感じはしないですね」

「あなたの仲間たちが別のところでも暮らしているんですが、そこでもそのようなことなんでしょうか」

「……」

ほかの場所にいる仲間のたちのことを思い浮かべようとしたが、何の情報も得られなかった。

測量と日本地図の作成

武藤氏は話題を再び羽根に向けた。

「あなたは羽根という地名を知っていますね。気球の中継基地のようなところが羽根ということでしたね。あなたたちの文化で羽根というのはどういう意味をもっているのでしょうか」

「……測量するところ、という意味かな？　地図を作成するために名付けた感じがします。測量して、そこから何か……冒険するための地図を作った」

冒険するための地図——。自分でそう言っておきながら、面白いことを言うなと、私は半ば感心していた。おそらく中東からはるばるやって来た彼らが、東の果ての島国にたどり着いて最初にやったことは、この日本列島を測量して新天地の地図を作成することであったのだろう。彼らは気球を使いながら、測量するための定点基地を定めた。その基準測量点であり、かつ基準子午線となったのが、東経一三七度一一分の羽根ラインとなったのではないだろうか。

さらに推測するならば、彼らはその定点基地に村を築いた。グループの何人かはその地に残して、いくつもの拠点を広範に作っていった。だからこそ「私」は、「仲間が散らばった感じ」を受けたのではないか。そして彼らの子孫が、既にその地の周辺にいた人たちと交わりながら、羽根という地名を後世に伝えていった。その伝承の一部が、「天空浮船に乗って、羽根飛び登り行くところを羽根と名付ける」となり、竹内文書に記されたのだ。

武藤氏が質問を続けた。

「では元々あなた方は、測量したり、地図をつくったりするという文化・技術を持っていたのですね」

答えは「持っていた」でよかったのだが、私はその文化・技術の源流を探っていた。

「……ペルシャから来ているのかな。冒険……」

そういう技術を持って冒険をしているイメージしか浮かんでこなかった。

「それでは、ここでまた時間を動かしていきます。今よりもあなたの人生の先の場面に行くかもしれませんが、逆にもっと前の場面に戻るかもしれません。あなたたちの文化と、持っていた技術、あるいは宗教とか、言語とか、さまざまな風習とか、そして羽根ということや気球ということについて、よくわかるような時点に行きます。十、九、八……三、二、一、〇」

自分の魂に聞く

「さあ、今どうなっていますか」と武藤氏は聞いた。

私は辺りの様子をうかがった。しかし、今回はなかなか場景が浮かんでこない。すでに退行催眠に入ってから二時間近くが経っているせいだろうか。集中力が弱まり、意識が散漫になっていた。気配はかすかに感じるが、実体となっては現れない。

「どこにいるのか、ぼんやりしていてわからないです」と私は答えた。

武藤氏はこれを聞いて、別の方法を試すことにしたようだ。

「それでは、あなたは純粋な魂になりますよ。私が指を鳴らすとそうなります」と言うと、パチッと指を鳴らした。

「あなたは今、二つの人生を思い出しました。そして二つ目に見た人生では、気球に乗って冒険をする集団の一員としての人生を過ごしました。羽根という場所は、測量して地図を作るための中継基地であったようです。そしてあなたは、その冒険の果てに、静岡県の辺りの山間の地に定住することになったのですね。さあ、その二つ目の人生の中で、あなたと交わった人の中で、二十世紀から二十一世紀の日本という国で生きている布施泰和さんとかかわっている人がいるでしょうか。あなたと一緒にどこからか気球に乗ってきて、冒険の旅をした、その仲間たちの中に、布施泰和さんという人の人生にかかわっている人がいるでしょうか」

実はこれは、あらかじめ武藤氏にお願いしていた質問であった。羽根ラインに関係する前世でかかわっていた人が今生の私の周辺にいるのなら、その人に同様に退行催眠をかけてもらい、その人が見るビジョンと私のビジョンを比較検討できるのではないかと考えたのだ。もちろん、その人には私が見た前世のビジョンをいっさい知らせない。それでもそのビジョンが一致すれば、かなり前世のビジョンである可能性が強くなるわけである。

ところが、いくら心を無にして情報を得ようとしても、何も感じることができなかった。

「……わからないです」と、私は半ば失望しながら答えた。

「直感として、誰かいそうですか」

「いるような気がしますが、誰だか特定はできません。当時の名前も思い出しませんし、関係もわからない」

残念ながら、この試みはうまくいかなかった。やはり、少し疲れてきていたようだ。この退行催眠もそろそろ終わりだな、と感じていた。

「さあ、いいですよ。あなたは純粋な魂ですから、いろんなことを広い視野から見ることができるはずです。何か、羽根ラインの形成に関して、あるいはそうでなくても、布施泰和さんの人生のテーマとか目標に関して、今後の方向性ということに関して、何か彼に教えてあげたいことはありますか」

私は再び、心をまっさらにして、メッセージがないかどうか探した。すると、はるか遠くから、何かメッセージのようなものが伝わってきた。私はそれを次のように表現した。

「時が経てばわかるよ、と言っているようです」

「時が経てばわかるというのは、布施泰和さんの人生において、ということでしょうか」

「そうです。そうだと思います」

私は武藤氏には詳しく告げなかったが、これからの人生において、どうやら私の過去生の謎を解き明かしてくれる決定的な人物、おそらくは私の過去生と密接に関係するソウルメイト、もしくはツインソウルのような人物に出会うのだとその時、感じていた。

想像の産物か、真実か

「さあ、ではそろそろあなたは肉体に戻ることにしますよ。今度はその布施泰和さんの肉体に戻っていきます。あなたは今体験した二つの人生で、いろいろと見聞きしたこと、感じたこと、それらをちゃんと覚えた状態で布施泰和さんの肉体に入っていきます。私が数を一から二十まで数えていくと、あなたは布施さんの体の中に入っていきます。そして、二十まで数え終わったときには、あなたは催眠状態から覚めて、日本という国の、東京の池袋にある池袋ＹＭ心理センターというところの部屋に戻っていきます。そしてそのとき、布施泰和さんの脳は以前にもまして活性化し、そう、いろんなことに思いが至り、ますます研究が進んでいくようになります。ひらめきや勘が冴えるようにもなり、羽根ラインのこともますます研究がはかどるようになります。一、二、三……十八、十九、二十」

こうして私は、二時間の前世の旅から戻ってきた。意識は、一瞬眠ってしまったときが一度あったが、それ以外は常にはっきりしていた。最後の武藤氏による暗示が効いたのかどうかはわからないが、退行催眠を受けた日から十日間、私は不思議な夢を見続けた。そして面白いことに、普段なら忘れてしまうその夢を鮮明に覚えていることができたのである。退行催眠でビジョンを見ることによって、潜在意識と顕在意識がつながりやすくなったのだろうか。ただ残念なことに、頭脳が明晰になるという暗示に関しては、さしたる効果はみられなかったようだった。

退行催眠を使って古代史の謎を解き明かそうという試みは、一見成功したかのように思われた。確かに驚くべき前世のビジョンではあった。ただ、私はそれをそのまま信じるわけにはいかなかった。もしかしたら退行催眠中に見た私のビジョンは、単なる私の空想、想像かもしれないではないか。

本当に私が時空をさかのぼり、過去生の自分に意識を合わせ、その時代の光景を見たのだろうか。あるいは、潜在意識や脳が作り上げた、ただの想像の産物なのか。

アラブ世界から大きな集団が気球、もしくは空を飛ぶ船に乗って日本にやって来たという筋書きは、確かにSF的で面白い。退行催眠を受けている間は、できる限り余計なことを考えずに、すべての映像を受け入れようとしていたから、自分が意識してあのような映像を見ようとしたことは断じてないが、私の顕在意識が及ばない心の深層に存在する自分の願望や希望が映像に反映していなかったとは言い切れない。

何かより客観的に、私が見た映像を裏付けるものがないだろうか。可能性として私は三つの方法を考えた。

一つは、私のビジョンを裏付ける物証が出てくることである。たとえば、日本や中東の古代遺跡から気球らしき乗物が描かれた土器などが発掘されれば、気球が実際に飛んでいた可能性が高まる。しかし今のところ、そのような証拠が発見されたという報告は聞かない。

次に考えられるのは、「前世のビジョン」に出てきた場所に私が実際に行き、周囲の状況が「前世のビジョン」と一致するか確認するのである。ただし仮に一致したとしても、やはり主観の問題だとされてしまえば、それまでである。

もう一つの方法としては、第三者的な「証人」が出てくることだ。つまり、私が見たのと同じようなビジョンを見てくれる人を探すことである。当然、私が見たビジョンの内容はいっさい明かさずに実験をする。そして、同じビジョンが出現すれば、私が見た過去生の歴史がある程度、客観性、普遍性をもつことになる。

私はこの三番目の方法を取ることにした。前世を見ることができるという超能力者（霊能力者）に、いっさいの余計な情報や先入観を与えることなく、私の前世を見てもらうのである。

（第5章）前世の記憶と転生のシステム②

秋山眞人氏のリーディング

まったく異なる方法で、別々の人間が同じような過去生のビジョンを見たら、その過去はある時間軸において実際にあった出来事ではないかと私は考える。

その意図をもって、既に本書で何度も登場する秋山眞人氏の東京・新宿にあるオフィスを訪ねたのは、二〇〇七年二月二十六日のことであった。秋山氏はいわゆる超能力者として知られ、同時にUFOコンタクティーであることを公《おおやけ》にしている稀有な人物だ。テレビの番組出演など幅広く活躍していることは、言うまでもないだろう。私が共同通信社記者だった一九八〇年代からの付き合いである。オーラを見ることができ、前世をリーディングすることもできるという。秋山氏が所長を務める国際気能法研究所では、そうした人間の潜在能力や未知能力の開発とその研究を進めている。

オフィスの入り口には、警察からもらった、ある感謝状が飾られている。これはどうしたのですかと聞くと、犯人逮捕に協力したのでもらいましたと秋山氏は言う。現場に残された物的証拠などから犯人の顔を霊視、それが犯人逮捕に結びついたのだそうだ。ジョー・マクモニーグルのような「超能力捜査官」は日本にもいたわけである。秋山氏は若いころ、郵便局員や警察官などの職を転々としていたことがあった。そのときできた人脈から、時々警察から依頼を受けることがあるのだそうだ。

さらにここには、ほかのオフィスにはないものがある。床下一面に隕石を砕いた砂が敷き詰められているのだ。秋山氏は磁場に敏感で、隕石の砂で磁場を調整しないと、気分が悪くなってしまうのだという。

その隕石の砂に満ちたオフィスのほぼ中央で、秋山氏と私は向かい合って座り、前世リーディングが始まった。私から秋山氏に依頼したのは、私の前世と羽根ラインとが、何らかの関係があったかどうかを読み取ってもらうことだけであった。私が退行催眠で見たビジョンについては、いっさい語らなかった。秋山氏も先入観を持つことになるような情報がないほうが、リーディングはうまくいくと言う。

さあ、どのような私の前世が、秋山氏に見えてくるのだろうか〔**写真㉑**〕。

写真㉑　前世リーディングもできるという秋山眞人氏。

エジプトから来た人々

「では、早速始めていただけますか。私はただ座っていればいいですね」と、私が先に口を開いた。

「ええ、それでいいです」と秋山氏は言うと、静かにゆっくりと意識を集中していった。

秋山氏は目を開けたまま、やや下の方を見つめていた。後で聞いたところ、秋山氏がリーディングをする場合は、三十〜五十センチほど離れた、やや自分の目より低い場所に映像が現れるのだという。

秋山氏はしばらくの間、その映像を見ているようだった。そして次のように言った。

「どうやら、（筆者の前世は）羽根のラインと関係があるようですね。道具を使って、星や地面の測量をしている姿が見えます。木製の測量器材を使っています」

「測量ですか。その測量をしている人たちとは何者ですか」と私は聞いた。

「エジプトから渡来した人たちです」

エジプト！　何と私が退行催眠で見た人たちと同じではないか。私はペルシャ人かアラブ人ではないかと感じていたが、秋山氏はエジプト人であると明言した。もう一度断っておくが、秋山氏には私が見たビジョンのことはまったく話していないのである。

私はこちらの動揺を悟られないように、平静を装って聞いた。

「エジプトですか」

「そうです。彼らは気球〔**写真㉒**〕を使って、能登半島か金沢の辺りに上陸、さらに長野、富士山へと勢力を拡大していきました。最後は富士山の北側に定住したように思います」

顔にこそ出さなかったが、秋山氏のこの発言に対しても私はかなり驚いていた。私が退行催眠で見たビジョンでは、印象として彼らは能登半島の羽根に上陸して、日本全国の測量をして、最後に私が所属していたグループは、富士山のそばの山奥に定住したことになっていたからだ。私には長野や山梨のイメージは出てこなかったが、上陸地点と定住地がほぼ一致していたのである。

「私はその一員だったのですか」

「計測技術とともに、日本の水に関すること、つまり治水とか、金脈探しにも興味を持っていたようです。科学者の一人だったのではないでしょうか」

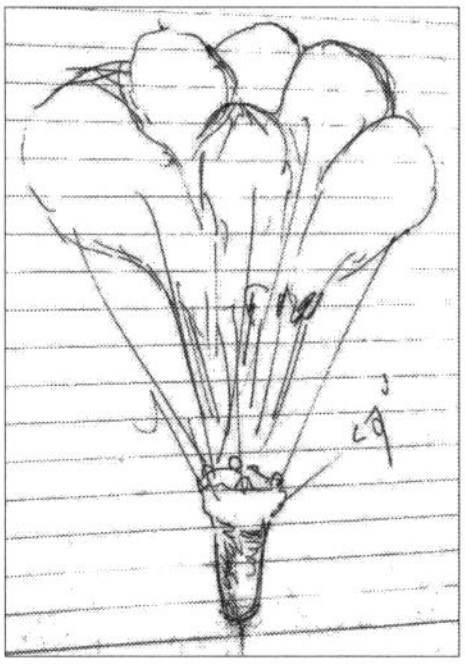

写真㉒ 秋山氏が描いた古代気球の絵。

羽根の由来と気球族

私が今生で、羽根ラインの測量技術に関心を持つのも、技術者の記憶が魂に刻まれているからだろうか。質問や疑問がたくさん浮かんできた。最初に知りたかったのは、羽根ラインがつくられた時代であった。

「それはいつごろの時代ですか」

「千三百～千六百年前だと思います」

予想よりもかなり後の時代であったので、「そんなに最近の話なんですか」という言葉が思わず口をついて出てしまった。私がビジョンを見た感じでは、アイヌが北陸・中部地方に住んでいた時代か、その前、おそらく縄文時代のことではないかと思っていたからだ。

「ええ、何となくそういう感じがします。古くても、それより少し前の四、五世紀ごろとか」と、秋山氏は言う。四、五世紀といえば、ちょうど大和政権が誕生しつつあるころである。

「羽根という地名にはどのような由来があるのでしょうか」

「ハニ族とか、ワニ族から来ているように思います。エジプトの言葉ではないでしょうか。動物のワニから来ている気がします。ワニ族のワニが転訛《てんか》したのが羽根だと思います。彼らがいた場所が羽根になったのです」

後で調べたが、現代のエジプト語でワニを「ワニ」とは言わないようである。ところが、日本語のワニの語源はよくわかっていないこともわかった。ワニは出雲神話の「因幡《いなば》の白兎《しろうさぎ》」に登場することが知られており、その地方で獰猛なサメのことを鰐鮫《わにざめ》と呼ぶことからサメのことではないかとされている。しかし、そもそもワニが存在していなかった古代日本において、ワニを知らなかったはずの当時の古代人がワニという動物を形容詞に仕立てて「鰐鮫」という言葉を使っていたとする説には疑問もある。ワニは外来語であるとの説もあり、由来については決着していないのだそうだ。

また、ペルシャ語で「ハネ」は「家」という意味であることも後でわかった。確かに、「彼らがいた場所」を「ハネ」と呼んだ可能性はある。

秋山氏の説明は続いた。

「彼らは気球を飛ばす技術をもった部族でした。最後の気球族だったのです」

最後の気球族という言葉は面白いなと私は思った。気球はかなり昔から連綿と引き継がれてきた技術だったことになる。

「最後の気球族だったのですか」と、私は念を押した。

「そうです。それは門外不出の技術であった。決して外部にその技術を教えることはなかった。その技術をめぐって権力闘争もあったと思います。誰もが欲しがる、それほど凄い技術だったのです」

「しかし、四、五世紀に気球族が渡来したのなら、何らかの記録が残っているはずだと思いますが……」

「秘められた技術だったので、記録に残さなかったのではないでしょうか。逆に考えると、彼らは気球の技術を葬り去った。日本という地で、封印したのです。彼らは技術を持った民として狙われていた。はるばる日本にやって来たのも、安住の地を求めたからでした。自分たちの居場所が知られるとまずいので、夜間、気球を飛ばして移動した感じがします」

「すると夜陰に紛れて、逃げるようにエジプトを脱出したわけですか」

「そのような感じがします」

ハニ族と鳥居、そして空へ

羽根はハニ、ワニから来ているという秋山氏の説に惹かれたので、私は話題をハニ族に向けた。

「彼らはワニ族、ハニ族ではないかということでしたが、そういえばタイと中国の国境付近の山岳地帯にはハニ族という少数民族が暮らしています。ハニ族の村の入り口には〝鳥居〟があるんですよね。しかも、その鳥居の上には、木彫の鳥が飾られているんです」

このハニ族については、もう少し説明しておこう。ハニ族は中国雲南省の少数民族の一つで、棚田を作る稲作民族として知られている。同系の民族は、タイ、ラオス、ベトナムの山岳地帯に広がっている。ハニ族の村の入り口には、村へ侵入する悪霊を防ぐ結界門として「村の門（ロコーン）」が建てられているが、これが日本の神社の鳥居とソックリなのである。

村の門は、左右二本の柱の上に笠木（横に渡す木）を載せたもので、笠木の上にはいくつかの木製の鳥が止まっている。まさに「鳥居」なのだ。二本の自然木にしめ縄を渡されただけの門もある。さらにそのしめ縄にはしばしば、日本のしめ縄と同様に、「鬼の目」という竹で編まれた、悪霊払いの呪具がぶら下がっているのだという。木製の鳥は日本の弥生時代の遺跡からも頻繁に出土していることなどから、日本の鳥居は雲南省周辺からもたらされたのではないかとみる研究家もいる。

秋山氏もこの話には興味をもったらしく、少し考えてから次のように言った。

「気球族が立ち寄ったのかもしれませんね。今ふと思ったのですが、鳥居は気球をつなぎとめておく道具だったのではないでしょうか」

「道具……」

秋山氏は時々、突拍子もないことを言うので、その考えについていくのに苦労する。私は、気球が鳥居につながれている光景を思い浮かべた。なんとも奇妙な光景だ。ただ、鳥が天の神の使いであり、その鳥の宿木《やどりぎ》が鳥居の起源であるとするならば、空を飛ぶ「神の使い」のような気球を木に止めておこうと考えたとしても不思議ではない。

確かに羽根という地名には、鳥に対する信仰のようなものもうかがえる。それは空を飛ぶことに対する憧れであろうか。もちろん、「ワニ」が「ハネ」になったのなら、こうした考えは当てはまらないだろうが、時代を経て、元々の言葉の意味が変わっていった可能性もある。イメージは鳥、羽根、大空、気球へとつながっていく。

詳しくは別の機会に説明するが、羽根ラインとは別に、地球の公転面に垂直になるように日本中に引かれた「鳥のライン」も、もしかしたら気球族による測量と関係があるのかもしれないと思われてくるのだった。

（リーダーの名は？）

秋山氏の説明は続いた。

「富士山のそばの山梨県忍野《おしの》村周辺にはストーンサークル（環状列石）があるのですが、私にはそれが気球の発着場に思えてしょうがないんです。静岡県の愛鷹山《あしたかやま》とか、藤枝市のビク石に行かれると、何か感じるものがあるのではないかと思いますよ」

「前世の記憶が蘇《よみがえ》るかもしれない？」

「そうです。どうやら日本に来てから長生きして、薬草の研究をしていたようです。そのような姿が見えます」

日本に来てから長生きしたという秋山氏のリーディングは、私が退行催眠中に見たビジョンの内容と一致していた。若くして（二十代ぐらいで）日本に来て、年老いてからは富士山近くの山の中で暮らしていたというイメージである。

そうした場所へ行っての検証作業は後で実施するとして、私は再び、時代に関する話に戻した。というのも、前世リーディングや前世療法では、古い時代にさかのぼるほど時間の概念があやふやになると秋山氏が言っていたことがあったからだ。昔の人は時計やカレンダーなどをもっておらず、学者や政治家でもないかぎり、西暦何年とか、どの天皇の時代の何年といったことをわかるはずがないのだという。ではどうやって時代を知ることができるかというと、それは街並みとか服装で感じることしかできないのである。

「千三百〜千六百年前といえば、そのころエジプトは既に衰退して、世界の第一線から退いていたはずですが、本当にそのころ高度な技術を持った部族がエジプトにいたのでしょうか」

「表舞台には出てこないで、秘密結社のように技術を守ってきた人たちがいたと思います。十一世紀に十字軍が中東に進攻したとき、秘密の技術をあさったことがあったと聞いていますから、エジプトにそうした隠された技術があったのではないでしょうか」

「どのような服装でしたか」

「白い布を頭の後ろに垂らしたエジプト風の頭巾を被っていました。赤と青が交互に縁取られたインディオのような服装も見えます」

「気球でエジプトから日本に渡ってきた人たちは、どのぐらいの規模だったのですか」

「千人ぐらいの大隊でした」

「リーダーはいたのですか。誰が大隊を率いていたのでしょう？」

「リーダーの名はチャメップ」

「私は何と呼ばれていたのですか」

秋山氏は少し間を置いてから答えた。「シャロアヤです」

シャロアヤの人生

「シャロアヤ！　それが私の名前だったんですか」

私の名前もリーダーの名前も確かにアラビア風で、今まで聞いたことのないような名前であった。

「そうです。科学技術者十人のうちの一人でした」

「家族はいたんですか」

「大丈夫です。かなり大家族でした。お嫁さんが二人いましたね。そして子供も大勢いました」

何が大丈夫なのかよくわからなかったが、家族はたくさんいたらしい。しかも一夫多妻制だったのか、妻が二人もいたのだという。

「家族も一緒に日本に来たのでしょうか」

「いえ、家族はエジプトに置いて出発したようです」

「家族を置き去りにして逃げたのですか」

「たぶん、そうせざるをえなかったのでしょう。逃げないと。ある技術が狙われており、危険が迫っていた。その技術は絶対に渡せないものであった」

置き去りにされた家族が無事であったことを祈るばかりである。

「エジプトのどこに暮らしていたのですか」

「近くに川がありました。港も近いようですね。入り組んだ入江が見えます」

「具体的な地名はわかりますか」

「……わかりません。アラバスター（白色の美しい鉱物）がたくさん採れるところです」

そういえば二十年以上前にエジプト旅行した際、アラバスター製ピラミッドをお土産として購入したことがあった。そのときの記憶がぼんやりとよみがえってきた。あのピラミッドはどこへ行ったのだろう。

私は質問を続けた。

「千人もの大隊が気球を使って移動すれば、かなり目立つと思いますが、なんの記録も残っていないのはどうしてでしょう」

「あまりにも科学技術の差があって、当時の一般の人には理解できなかったのではないかと思います。当時の気球は、現代でいえば人工衛星のようなものです。今でこそテレビなどメディアが発達しているので宇宙空間を人工衛星が飛んでいることをわれわれは知っていますが、一般の人は人工衛星を飛ばす技術など持ち合わせていませんよね。同じことが当時の気球についても言えるのです。世界中で情報を共有する手段がなかった時代では、気球を見てもなんだかわからなかったのではないでしょうか。しかも夜間飛ばせば、ほとんど気づかれずに移動できたはずです」

失われた技術

「千人の大隊が日本に上陸すれば、大和政権との間で摩擦が生じたのではないですか」

「小競り合いはあったでしょう。ただ、彼らの技術力は圧倒的でしたから……。その技術力ゆえに滅ばされることもなかったのでしょう。誰もがほしがる技術だったのです。彼らは長野の諏訪《すわ》から富士山にかけて君臨していたように思います」

「彼らのその後はどうなったのでしょうか」

「病気が流行《はや》って、次第に人数が少なくなっていきました」

「彼らの生き残りはいないのですか」

「江戸の中期までは生存していたように感じます。最後の後継者は、おそらく江戸の中期で亡くなっています」

「では、その最後の後継者とともに、技術も完全に葬り去られたということですか」

「たぶん、そうです。多くの技術は失われたでしょう」

「残された技術もあったと？」

「技術者同士が結託したシンクタンク的な場所があったように思われるんですよね。九州の南の高千穂《たかちほ》や、富士山の南側、それに長野の諏訪です。彼らはそこで、技術を次世代の人たちに伝承していった」

私は最後に、秋山氏にどうやって前世リーディングができるのか聞いてみた。

「影像を見られているようですが、どのように見えるのですか」

「私の場合は、この辺りに影像が見えます」と言いながら、秋山氏は自分の前方やや下方三十〜五十センチの付近を手で示した。「意識をそこに向けると影像が出てきます。何かに集中すると、その部分だけが拡大されて見えます。たとえば、衣服の質問があったときは、衣服だけがズームインされて、細部まではっきりと見えるわけです」

それは、私が退行催眠で見たビジョンでも同様に起きた現象であった。意識をそちらに向けると、その部分がズームインされ、詳細がわかるのである。明らかに実際の目で見ているのとは違う感覚。意識に目があり、その目が視覚的に情報を集めているという表現が正しいかもしれない。

秋山氏による前世リーディングは以上であった。

一致した過去生のビジョン

リーディングが終わった後、私は初めて秋山氏に私が退行催眠で見たビジョンについて話をした。私はペルシャかアラビアと思ったが、秋山氏がエジプトだとしたことや、富士山の静岡県側に定住したと感じたが、秋山氏は富士山の北側に定住したのではないかとしたことなどを指摘した。

すると秋山氏は「だいたい同じになるんですよね」と、事も無げに言う。少しぐらいの差異はまったく意に介していない風であった。確かに、少しの違いはあったが、アラビア方面から気球（天空浮船）に乗ってやってきた集団がいたこと、彼らは能登半島から上陸したこと、日本を測量して羽根ラインを作ったこと、最終的には富士山の周辺に定住したことなど、私と秋山氏が見たビジョンは驚くほど一致していた。

まったく別々の人間が同じような「過去生の映像」を見るということは、今の科学では説明できない現象のように思われる。そうは言っても、退行催眠で私が見た映像と、秋山氏がリーディングしてくれた情報とがほぼ一致したことについて、いくつかの仮説は成り立つだろう。

一つは、私の魂の記憶に、中東から気球に乗って日本にやって来たシャロアヤという人物の歴史（私の過去生）が刻まれている。

二つ目は、過去に存在したシャロアヤの人生の記憶を、たまたま私と秋山氏が別々の手法で読み取った。

三つ目は、私が勝手に想像した世界を秋山氏が読み取った。

四つ目は、私の「妄想」と秋山氏の「妄想」がたまたま一致した。

どの仮説を選ぶかは自由である。ただ私はこう考えている。人間の魂はある種の転生を繰り返し、普段その記憶は潜在意識あるいは魂の奥深くに眠っているが、退行催眠や能力者のリーディングなどによってその記憶（記録）が蘇ったり、その記憶（記録）を取り出したりできるのではないか、と。

その仮説を前提にして、私の考える輪廻転生のメカニズムを紹介しておこう。

時空を超えた共鳴現象

退行催眠や前世リーディングの結果などからわかることは、どうやらこの宇宙には魂の転生のようなシステムがあるのではないか、ということだ。ただしそれが本当に一般に言われている輪廻転生かというと、どうもそうではないような気がしてならない。一般的に輪廻転生というと、過去から未来へと時間の流れを固定した上で、Aという人が死んで、Bという人に生まれ変わったと思ってしまう。

しかし、拙著『不思議な世界の歩き方』で書いたように、未来の自分の想念が現在の自分に入ってくるという現象を何回も経験したことにより私は、現在の自分と未来の自分（同質の魂）が時空を超えて共鳴する現象があることに気づいてしまう。つまり現在において、既に未来の自分が存在しているわけだ。同様なことは過去についても言えて、現在の自分と過去の自分が共鳴する現象があることになる。私は、この一種の共鳴現象が輪廻転生のようなシステムではないかと考えている。

現在（現世）も、過去（過去生）も、未来（未来世）も、今この瞬間に存在している。過去にも未来にも無限の可能性やパターンがあり、私たちの現在の選択によってパターンがドンドン変わっていくのだ。私たちの魂の質が変われば、共鳴する相手（過去生の自分や未来世の自分）も変わっていく。

たとえば私が現在においてAという選択をした場合、過去生でもAという選択をした自分の過去生と共鳴を起こす。すると何が起こるかと言うと、その時点で過去生でAではなくBという選択をした自分の過去生とは共鳴を起こさなくなってしまう。Bという選択をした「自分」はもはや、自分の過去生ではなくなってしまうのだ。

こう考えると、カルマに囚《とら》われるという考え方がいかにばかばかしいかわかってくる。なぜなら、それはこれから始まる過去を悔やんでいるようなものだからだ。まだ始まってもいない過去をどうしてくよくよと悩んだり後悔したりする必要があるだろうか。

同様に既に終わった未来をうじうじと心配したり不安に思ったりする必要がないこともわかってくる。既に終わった最悪の未来を不安に思っても仕方がない。むしろ現在に集中して、過去生や未来世の「自分」あるいは「同質の魂」に学びながら、自分が一番いいと確信している方向へ未来や過去を変えていくほうがずっと理にかなっていると思う。現在における私たちの「一歩」がいかに大切であるか、だ。

宇宙を創造するのは自分自身

この宇宙は成長する樹木のようなもので、太い幹が現在だとすると、複雑に張った何本もの根は複数の過去、空に伸びる何本もの枝や梢は複数の未来となる。当然、木は、時間の経過とともに成長するので、現在（幹）が変化（成長）すれば、過去（根）や未来（梢）も変化（成長）するわけだ。このモデルを使えば、現在、過去、未来は単独で存在するのではなく、お互いに連動していることがわかる。

私が最初にこの考えを思いついたのは、彗星探索家の木内鶴彦氏の幽体離脱体験を知ったときであった。木内氏は二十二歳のときに原因不明の病で昏睡状態に陥った。その際、幽体離脱を体験し、過去や未来の世界を覗いてくるのだが、比較的近い未来の映像は二重に見えることはなかったが、遠い未来においては、よりはっきり見える未来とうっすらと見える未来の二つが同時に存在していたと証言しているのである。これは、未来が確率として存在することを示唆するものであった。

と、ここまで説明してきて、何か思い当たることがないだろうか。そう、実はこの説明は、素粒子の世界を描写するときと極めて似ているのである。

詳しくは第9章の「素粒子と異次元ワールド」で説明するが、たとえば、量子力学ではこのように考える。ピッチャーが投げたボールは一つの軌跡を描いてキャッチャーのミットに届くと普通考えるが、量子力学ではボールは複数の軌跡を描いてキャッチャーに届くのである。このボールとは電子のことで、しかも、実験により確認された現象なのである。

また原子の中の電子は、どこか一カ所に存在するのではなく、様々な場所に、ある確率で同時に存在していることもわかっている。そう考えると、確かに存在するのは現在だけで、過去や未来は確率として同時に存在しているのである。

こうした説明がいちばん今までの私の経験と合致している。日々の選択や決断により、過去生や未来生もドンドン変わっていくからこそ、この宇宙は面白い。もちろんカルマを自分で創造して、その渦の中でぐるぐる回るのも自由だ。輪廻転生がない宇宙を選ぶのも自由。でもこれだけは言っておくが、輪廻転生があってもなくても、他人や過去のせいにせずに、他人に過度に依存することもなく、自分で自分の運命を切り開いていくべきであるということだ。ネルソン・マンデラ流に言えば、あなたがあなたの運命の支配者であり、あなたの魂の統治者なのだから。

こう考えると、私が退行催眠で見た過去生と秋山氏が前世リーディングで見た私の過去生が、大筋で同じであっても細部で異なっていた理由もうまく説明できる。私が退行催眠を受けてから何カ月かあとに秋山氏が前世リーディングをしているため、その間の私の決断や選択により、過去生が微妙に変わったと考えられるのだ。ただし「魂の質」、あるいは「時空を超えた魂の雛形」のようなものはそれほど大きく変わったわけではないので、エジプトから天空浮船で日本へ渡ったシャロアヤのような「過去生の自分」とは、今でも「共鳴」し合っているわけである。戯言《たわごと》と思われるかもしれない。だが、私は宇宙に存在する「転生のシステム」をそのように考えている。

（第6章）予知と人間の未来

額《がく》から飛び出してきた母親

人に会ったその瞬間から、その人の未来や過去の映像が見えてきてしまう――秋山氏をはじめとする能力者は多かれ少なかれそうした能力を持っているが、私のパートナーのfurafuranさんの長年の友達である「陰陽師《おんみょうじ》S」さんの未来を読む能力はかなり秀でている。

二人が知り合ったのは、たまたま近所の人たちの集会があり、その場に居合わせたからだ。furafuranさんによると、その集会に参加した何十人もいる中で、白いコートを着た女性のSさんだけが、さらに白く光って見えたのだという。それを見たfurafuranさんは、どうしても自分から声をかけなければいけないと思い、実際に自分から声をかけて、会のあと一緒に家に帰ったのだという。

最初は当然、普通の近所付き合いから始まった。やがてお互いの家を行き来する仲になり、次第に打ち解けて何でも話せるようになっていった。

最初の出会いから二年が過ぎたころであろうか、furafuranさんの家に遊びに来ていたSさんが突然、「変なことを言うようだけど、黙って聞いてくれる？　UFOとか霊とか信じる？」と尋ねたのだ。furafuranさんが「うん、いると思うよ、なあに？」と聞くと、Sさんは、テーブルの上に置いてあった十五センチ角の木枠の額《がく》を指して、次のように話し始めた。

「今その額縁のところに、ドラえもんに出てくるどこでもドアみたいな場所ができて、そこが金色に光ってたんだ。そのうちに観音開きでドアが開いて、ビカビカ光る中から小さな人が出てきたんだ。それは観音様みたいに金色に光ってて、今は大きくなって、あんたの後ろに居るんだけど、あんたのお母さんみたい」
それを聞いて furafuran さんはびっくりした。というのも、その額には furafuran さんの亡くなった母親が作った七宝焼きのブローチが入っていたからだ。しかもそのことはSさんに一度も話したことはなかった。その母の形見ともいえるブローチから小人が出てきて、観音様みたいに金色に光って自分の後ろにいるというのだから、動転しないはずはなかった。
furafuran さんは驚きを隠しきれずに聞いた。「このブローチは確かに母が作ったものだけど、何でわかったの？　母を知っているの？」
この furafuran さんの問いに対して、Sさんは落ち着き払ってゆっくりと答えた。
「間違いなくあんたのお母さんだと思うんだよね」とSさんは言うと、その額から出てきた女性とその周りの様子を話しだした。
それは紛れもなく furafuran さんの母親であった。母親が若いころ髪をアップにしていたこと、膝が少し隠れるくらいのタイトスカートをはいていたこと、子どもが三、四人乗れそうな花柄の大きなベビーカーを使っていたこと。
Sさんは母親だけではなく祖母のことまでも言い当てた。祖母が着物を好んで着ていたこと、夏には着物ではなく麻の生地でできたグレーの模様のムームーのようなものを着ることがあったこと――すべてがそのとおりであった。

その話をしながらもSさんは、furafuranさんの祖母から昔話をいろいろ聞かされていたようで、祖父の形見の金の時計を大事にしていたということ、木目の茶筒のふたの部分を磨きながら、こうすると艶が出るのだと言ったことなどを語りだした。それらはfurafuranさんの記憶の片隅にしかないことで、Sさんが言うまで忘れていたことでもあった。

Sさんは言う。「あたし、小学生になる前から、こういうものがときどき見える自分だったんだ。でも大人になって、あるときからしばらく見えなくなっていて、あんたのお母さんがまた見えるようにしちゃったみたい」

観音像を言い当てる

furafuranさんは驚きながらも、どんどん続くSさんの話にのめり込むことになった。そして次々に疑問に思っていることを口にした。

「でも何で母がそんな小さな額から出てくるの？　守護霊って、いつも後ろに立っているんじゃないの？」

「ああそれはね、額にガラスが付いているでしょ。鏡とかガラスって、あっち側の人が出入りしやすいんだよ。自動ドアとかもそう」

「自動ドアのガラスから普通の人じゃない人が出てくるってこと？　もしかして、いつも見えてたりしないよね？」

「見えるよ。だから自動ドアのガラスの中を見ながら歩くんだ。自動ドア見るの面白いから、ジーっと見てる」

「私は鏡や自動ドアは、そこに映った自分の姿しか見ないようにしているけど」

「なんで？」

「だって、自分以外のほかのものが映ってたりしたら、怖いじゃない」

「なんで怖いの？　面白いじゃない。ときどきいろんなのが居るよ」

furafuranさんは絶句した。

Sさんによると、鏡やガラス、それに街中にある自動ドアのようなところには霊界の出入り口のような扉があり、そこを霊か何かわからないものも行き来しているのだという。

呆気にとられているfurafuranさんに対して、Sさんは肝心の伝言を思い出したとでもいうように、こう言った。

「あんたに言いたいことがあるって。今ね、あたし、あんたのうちに行ってるんだけど、あっ、うちってここじゃなくて実家ね。そこにあんたの母さんが居るんだけど、ばあちゃんも居て、これ、若いころだなきっと」

Sさんはこう話すと、furafuranさんの実家にある掛け軸や茶箪笥《ちゃだんす》、祖母が大事にしていたもの、果ては家の改装前の部屋の間取りまで言い当てたのである。

Sさんは、おそらく意識体として、furafuranさんの「昔の実家」の中をくまなく歩き回った後、「現在の実家」に戻ってきたようで、今度は改装後に出来上がった二階部分にまで見に行ったようであった。そしてSさんは、furafuranさんにしかわからない母親からの伝言を伝えたうえで、実家の二階の客間にあるはずの翡翠《ひすい》でできた観音様を、床の間の柱の横にある小さな引き戸の棚の中から出すようにと話したのだ。

furafuranさんにはその場所がすぐにわかりはしたが、思い当たる観音像がなかった。そこで同じ床の間にある白磁に青の染付けの観音像と、一階床の間の白磁の観音像しかないと話すと、Sさんは、それではなく、薄緑色の翡翠だと言って頑として譲らなかった。「こうやってね、戸の枠にひっかかって、出られないって言うんだ」と、腕の曲がり具合をジェスチャーで示したのだ。

一カ月ほど後、furafuranさんは姉と一緒に実家に行き、Sさんの言ったことを確認することにした。二人で指定されたその場所をこわごわ開けると、何とそこには腕が折れてしまった小さな翡翠の観音様がしまわれていたのだ。色も材質もSさんの言うとおりであった。三体目の観音様があったのだ。実家で尋ねると、猫が折ってしまったので仕舞っておいたのだという。

furafuranさんと姉は、Sさんが知らせてくれたとおり、床の間に飾られていたガラスケースの中の船と一緒に翡翠の観音を入れ、日の当たる場所に安置したのであった。

Sさんの説明によると、観音様はfurafuranさんたちの父親の仕事や家を守る神で、三体とも仕舞わずに日の当たる場所に出しておく必要があったのだという。

的中させた未来の出来事

この日以来、会うごとに二人は、今回のような不思議な話をするようになっていく。

ある日Sさんは、新聞の広告欄に出る週刊誌の見出しを「早読み」することがあるとfurafuranさんに打ち明けた。Sさんによると、実際に新聞に掲載されるよりも前に見出しを見たというのである。

furafuranさんは「そういうこともあるでしょ。だって見出しは週刊誌や新聞が出る前に決まっているんだから」と指摘すると、Sさんは「そういうんじゃないんだよな」と首を振る。「じゃあ、どういうこと?」と聞くと、Sさんは「それよりもっと前にわかっちゃうんだよ」と言う。

「えっ、どのくらい前からわかるの?」

「どのくらいとは言えないなあ。一週間ぐらい前のこともあれば、それよりもっと前のこともある」

一週間以上も前! それでは週刊誌の見出しが決まるはるか前に、その見出しを先読みしたことになるではないか。

それからというものSさんはfurafuranさんに、「これ、覚えておいて」と言っては、芸能人や有名人がどうなる、こうなるといった話をときどきするようになった。テレビでしか見ることのない人々の心配事を、記事になるずっと前から、他人事ではないと心配するときもあった。そして後日、そのことが本当に週刊誌の見出しになったり、ときにはテレビで報道されたりすることにより、二人で「先読み」を確認することができるのである。こうしてSさんは、ある芸能人や有名人が亡くなったり、家族と別れたり、作られた自分のイメージに苦しんだりしていることなどを、週刊誌などが報じる数カ月から数日前に的中させるのだった。冬季オリンピックが始まるずいぶん前、下馬評にはほとんど挙がっていなかったときに、「金メダルを取れるとしたら彼女しかいない。オーラが違うんだよな」と笑いながら、日本の唯一の金メダリストに太鼓判を押したりもした。

それは驚くべき的中率であった。だがその未来を的中させるという能力が、Sさんを苦しめることもあったようで、「未来も見えてしまうが、極力そうしないよう生活している」とfurafuranさんに打ち明けることもあった。

furafuranさんは、いったいどれだけたくさんの未来の映像をSさんは見ているのかなと思う。というのも、Sさんが話してくれる「未来」はたまたま二人で話しているときに話題になった人物や出来事だけであったからだ。覚えておきたくない未来、見たくない未来や、あえて見ようとしない未来もたくさんあったに違いなかった。

9・11テロの悪夢を予言

それでも二〇〇一年九月十一日にニューヨークの世界貿易センターで起きたテロは、いくら見ないように努めても抗いきれない「未来の出来事」だったようだ。Sさんはその二カ月以上前から、高層マンションのような建物で火災が起こる夢を見るようになった。Sさんはfurafuranさんに特異な夢をいくつも話し、その夢を記憶させ、実際にそれに近いことが起こるかを検証しだしたころでもあった。

テロが実際に起こるまでの間、Sさんは何度も何度も火災の夢を見るようになっていたとfurafuranさんは言う。初めに見た夢は、ビルの上階にSさんと家族一人がいて、階下に残りの家族が住んでいるというもので、上階の自分たちは助からないと感じ、そこで目が覚めたという。次に見たのはその一カ月ほど後で、さらにリアルになり、カーテンを開けると目の前の高層ビルの中間階が真っ赤になって燃えているというものになっていく。「怖い怖い」「夢を見たくなくても見せられる」とSさんは話すようになる。テロが発生する一週間前となり、その後三日続けて火災の夢を見たという日にfurafuranさんがSさんに会うと、スレンダーなSさんが夢のせいでさらに細くなったように見えたという。

テロ発生当日となる九月十一日の昼間、次の日がfurafuranさんの誕生日だということで、二人でお祝いをかねて喫茶店で一緒にお茶をした。最近よく「久米宏のニュースステーション」

を観るのだと二人で話しているときにSさんが突然、「いつも誕生日はケーキを食べるのか？何時ごろ食べる？」とfurafuranさんに聞いた。furafuranさんはおかしなことを聞くものだと思いながら「明日が誕生日だけど、家族の都合で今日食べるよ」と話すと、「じゃあこれからは、ケーキはどんなに忙しくても小さくても、自分の生まれた日より前倒ししてでも、絶対に食べな。夕食食べてすぐなら大丈夫だ」と言う。

その日の晩のことであった。furafuranさんが誕生日の夕食とケーキを一日前倒しして食べ終え、いつものようにニュースステーションを観ていると、9・11テロの映像が目に飛び込んできたのであった。このときからしばらく、そのときの映像があまりにも強烈だったことや、時差のせいで9・11関連の暗いニュースが自分の誕生日に流されることが多くなったため、furafuranさんは誕生日を前倒しして祝うことになったのだという。

人工地震ならば予測は容易

その後もSさんは、国内の大きな列車事故などを立て続けに言い当てた。だが面白いことに、地震や土砂崩れといった天災に関しては予測できないのだとSさんは言う。テロ事件や人為的な事故といった、人の意識がかかわる人災は比較的わかりやすいというのだ。

これに関連して、国際気能法研究所の秋山氏も同じようなことを言っている。「超能力者という人たちは、基本的にいろいろな情報をその能力で読み取りますが、自然に起こるものはなかなか事前に読み取ることが難しいんですよね。ただし、人為的に起こすものは、その起こそうとしている人たちの思念がたくさん空間に飛び交っているので、これをテレパシーで事前に捉えることができるんです」

Sさんや秋山氏の話が本当だとすると、能力者たちは未来に起こる事件や出来事そのものをいつも見るわけではなく、むしろ未来における人間の想念や思念を読み取っている場合が多いことになる。

ところが、である。秋山氏はさらにこんなことも言う。

「実は地震には、自然に起こるものと、人為的に起こされているものの二種類があるんですね」

これには私も驚かざるをえなかった。確かにアメリカやロシアといった軍事大国が、地震兵器を開発しているのではないかという記事をどこかで読んだような気がするが、まさか既に実用化されて、使用されているとでも言うのだろうか。秋山氏はこう続けた。

「だから、超能力者たちが正確に予測できた地震は、人為的な地震である可能性が強いんです」

そして何と、秋山氏によると、一九九五年一月十七日に起きた阪神・淡路大震災は秋山氏が知るだけで六人の超能力者が事前に、しかも正確に大地震を予測していたのだそうだ。これはいったいどういうことか！

インターネットで地震兵器について調べてみると、確かに「疑惑の大国」が存在し、「疑惑の企業グループ」が暗躍、「疑惑の地震」が世界各地で起きていると書かれているのである。もちろん阪神・淡路大震災が「地震兵器」によって引き起こされたのかどうかはわからない。インターネットの情報には、誇張やデマもあるだろう。

それとは別に、人為的な地震には、人災も含まれるのだ。たとえば、活断層や構造線が何本も通るような山岳地帯に穴を開けて高速鉄道を建設したら、どうなるのか。誰もが気づくそのような工事を強行して地震が起これば、それは紛れもなく人為的な地震である。地震兵器の存在は不明だが、少なくとも人災は、予測可能であるならば、避けられるのではないだろうか。

予知で見たカップの不思議

Sさんの未来を読む能力に話を戻そう。

Sさんはfurafuranさんの未来についてもよくアドバイスをした。十月のある日、furafuranさんの家に遊びに来ていたSさんは唐突に、あるマグカップを探し出し、身近なところに置くよう告げたのである。そのとき簡単な絵も描いて、furafuranさんに手渡した。furafuranさんが「どうして?」と聞いても、Sさんは「あなたにとって大事なことだから」としか言わない。furafuranさんはその年の年末から正月にかけて、言われたままの形状、色、柄のマグカップを見つけようと、デパートというデパートを歩き回った。その間、Sさんも町中を探し回ったのだが、まったく見つからなかった。そこで仕方なくSさんは、「本物はセットで、これとは違うけど」と言いながら、そのとき町で見たものの中で「一番似たもの」をfurafuranさんにプレゼントしたのだった。「この横向いた花の部分が似てるんだけど、ちょっと違うんだな」

それから何年かが過ぎて、furafuranさんはひょんなことからSさんが言っていたと思われるマグカップの所在を知るのであった。二〇〇八年の五月十二日、あるブログを見ていたら、どうもSさんが言っていたのと同じカップを持っているという人が現れたのだ。その人が持っているというカップをネットで調べたところ、まさにSさんの言ったカップそのものであった。と同時に、そのカップがどうしてあれほど探しても見つからなかったかの理由も知ることとなる。そのカップは某有名ブランドが結婚式の引き出物用にしか販売していないものだったからだ（**写真㉓**）。

furafuranさんはすぐにSさんに電話して「前に話していたマグカップが見つかったんだけど」と伝えた。するとSさんは、とうとう見つけたか、と言わんばかりに「どこにあった!?」と聞く。「知っているような、知らないところ」とfurafuranさんが答えると、「わかった。じゃあ、明日その話を聞くから」と言う。

写真㉓ Sさんがfurafuranさんに探させた運命のマグカップ。

翌日、二人は喫茶店でお茶をしながら、そのマグカップについて話し合った。そしてそれは、furafuranさんにとって、その後の人生を大きく変えるような出来事と密接にリンクしていたことを、Sさんから初めて知らされるのであった。

Sさんが何年か前に見たfurafuranさんの未来というのは、そのマグカップが身近にある生活であった。ところがそこには、furafuranさんの家族の姿は見えない。ということは、そのマグカップのある生活は、家族と離れてしまうことを意味していた。そこでSさんは考えた。もし「今の家族」と幸せに暮らしたいのであれば、未来で見たのと同じマグカップをfurafuranさんの身近に置けばいいのだ、と。そこでfurafuranさんにマグカップの柄や色、形状を詳しく伝え、それを手元におくよう告げたのであった。

もう少し説明を加えよう。Sさんには本人の希望する未来がカラーで見え、それ以外の他のいくつもある選択肢は白黒のように見えるという能力があった。マグカップを探すように言ったときから、Sさんはその時点のカラーの道がどれであるのかを何度も確かめてはいたものの、furafuranさんの先に広がるカラーの道は、Sさんがいつものfurafuranさんの言葉や様子からは納得できない、あるはずのない道に思えてならなかったのだ。このままではいけないと判断したSさんは、furafuranさんに知らせずに、別の選択肢（白黒の道）をカラーにしようと試みていたのだった。本人にマグカップが自分の未来のどんな状況と関係あるのかを意識させてしまうと、要所要所の運命が劇的に変わってしまう場合があることもSさんは承知していたので、特定のマグカップを身近に置くようにとか、また別の機会には白くて四角い建物の絵を購入するようになど、やんわりとfurafuranさんに伝えて、未来の道を間接的に変えようとしたのである。

このようにわずかな変化で大きな、場合によっては地球規模の変化が起きるとするのが、カオス理論でいうバタフライ効果である。北京で蝶が羽ばたくと、ニューヨークで嵐が起こる。Sさんの言葉を借りれば、「誰か一人がどこかで、洋服の色を変えたり、マニュキュアの色を変えたりするだけで、時にはその本人の未来だけでなく、地球の行く末さえ変えられる」「今日話をするか、明日話をするか、またどこで話をするかでも、未来が変わってくる」という。

カラーの道を選ぶ

場面は再び、マグカップについて話し合っている喫茶店の二人に戻る。この日Sさんは初めて、furafuranさんが本当はどんな状況にあるのかを聞くことになったのである。「いつか」ではあるが、furafuranさん本人の意思が示す先はSさんが元々見ていたカラーの道にあった。それを変えようとする必要はまったくなかったのだ。この日二人で、今まで知らせてなかったことも含め、たくさんの本音の話をした。それは二人で涙しながらの時間だった。

furafuranさんはこの一件で、未来を先読みできる能力者に本当の気持ちを言えないのなら相談するのは無意味であること、今の社会では認められないからという理由で価値観を固定してしまうことが人間を既存の考えの枠に入れてしまうこと、そしてそのせいで本人の魂からの希望が蔑《ないがし》ろにされてしまうことを痛感したという。この日furafuranさんは、それまで本当の自分の気持ちを言わなかったことをSさんに謝るとともに、世間一般の常識とは相容れない本人の希望を否定せず、本音で接してくれたSさんに感謝した。一方、Sさんも「今まで（希望とは）逆を勧めていた」と謝ったうえで、未来が読めても過度に関与することなく、また自分で勝手に良し悪しの判断をせずに、常にフラットな状態で相手を尊重し、最終的には未来は本人に決めさせることの重要性を再認識したという。

furafuranさんの「いつか」はそれからほどなく訪れた。今は、そのSさんが見たマグカップが食器棚にあり、白くて四角い建物の絵が飾られた家で、時々旅行を楽しみながら暮らしている。おそらくSさんには、海を遠くに望む、山の上にある家での穏やかな暮らしが見えていたに違いないとfurafuranさんは思うのであった。

Sさんには私も会ったことがある。furafuranさんと一緒に、職場で働いているSさんを訪ねたのだ。仕事中だったSさんは、こちらのことに気づくと挨拶にやって来た。見ると、いかにも仕事がテキパキとできそうな、色白の素敵な女性であった。簡単に挨拶を済ませ、仕事を邪魔しないようにと私たちはその場を後にした。Sさんの姿は、仕事に汗水流す普通の人とまったく同じであった。特異な能力をひけらかすでもなく、それで金儲けをするでもなく、ただ淡々と普通に日常生活を送り、仕事をしている女性のように思われた。

Sさんについてfurafuranさんはこう話す。「心から信頼した相手にしか、この能力を知らせることはないし、金銭をもらって自分の力を使うこともない。自分だけ儲けようとする心が人間関係を歪め、対立や不公平を生み、国という枠組みを作りだし、太古の豊かだった地球を変えてしまったことを彼女は知っているのだから」

いずれはSさんのような人たちが、この世界では当たり前になる時代が来るのだろう。誰もが先読みできれば、今しようとしている言動がいかなる結果をもたらすかを事前に知ることもできる。そうなれば、未来の悪巧みや陰謀はすべて白日の下にさらされ、一部の権力者の利益のためになされる愚かな行為がこの地球から消え去る日が来るはずである。

（第7章）

オーラと内田式オーラ測定器

能力者をうならせる装置

謎掛けである。まるで生き物のように伸びたり縮んだりし、怒ると鬼のように頭から角が飛び出したり、考え事をすると漫画のふきだしのようになったりするものは何か。実はこれが、物体（特に人間の身体）を取り巻くエネルギー、もしくは「気の場」とされるオーラなのである。「そよ風」を意味するギリシア語「アウラー」に由来する。

スピリチュアルカウンセラー、江原啓之氏のテレビにおける〃活躍〃で、オーラというものが、かなり一般社会にも浸透してきた。しかしオーラというものがまったく見向きもされなかった五十年ぐらい前から、オーラというものが実在し、それを科学的に解明しようとした電気技術者がいたことを知る人は少ない。それがオーラを計測する「オーラ・メーター」を開発した内田秀男（故人）である。

私と内田秀男との関係は浅からぬものがある。息子さんとは中学、高校と同じ学年で、一時期非常に仲のよい友達であったからだ。当時はその友達の父親がまさか超常現象に興味があり、オーラなどの研究をしているとは知らなかった。その不明を恥じて、私は共同通信社記者時代に内田秀男の書籍を全部読み、超常現象の研究における内田の先見性とその功績を知り、認識を新たにしたのであった〔**写真㉔**〕。

とにかく内田が測定した人間のオーラの形が実に面白い。人間が怒ると頭から角が生えたようにオーラが飛び出したり、人間が考え事をすると、それこそ漫画のふきだしのようなもやもやが現れたりするのである。

　本当にオーラはそのように人間の感情や心の状態と連動して変化したりするのだろうか。巷《ちまた》には「キルリアン写真」というものがあり、オーラの写真として世の中に出回っているが、国際気能法研究所の秋山氏ら能力者から見ると、高周波の電界の中に被写体を置いて撮影するため、色や形状が必ずしも能力者が見るオーラと一致しないのだという。ところが、内田秀男が製作したオーラ測定器「オーラ・メーター」は色こそわからないものの、測定結果で出てくる形状は能力者が見るオーラとほぼ同じなのだそうだ。

　超能力者もうなるほどの正確さでオーラを測ることができるという内田のオーラ・メーターとは、どのようなもので、どうやって誕生したのだろうか。一時期まで科学万能を信じていた技術者の内田と超常現象の出会いを含めて、内田の人生を振り返ってみよう。

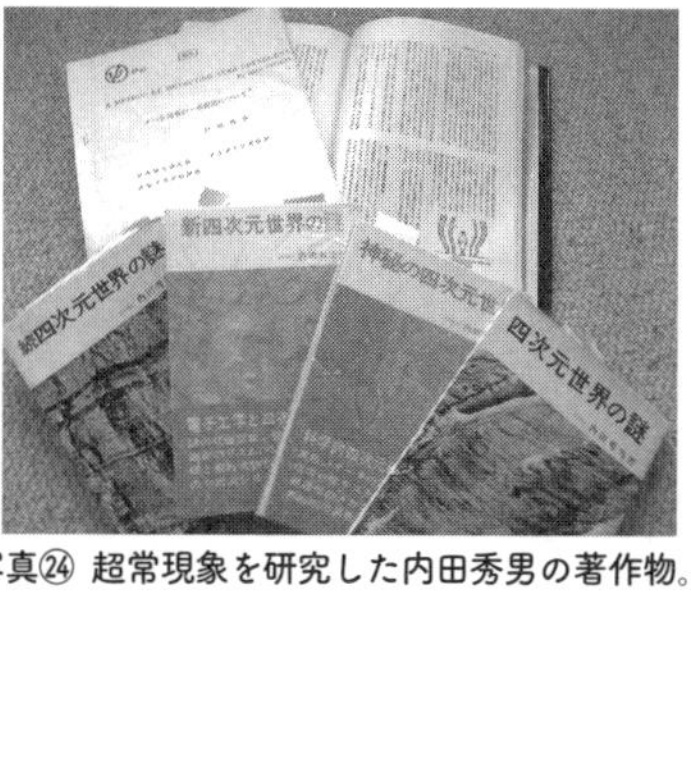

写真㉔ 超常現象を研究した内田秀男の著作物。

鉱石の増幅効果に着目

　内田秀男は一九二一年八月三十一日、福井県の乳母車製造販売業者の家に生まれた。内田家は元々、船の欄干を彫る船大工や松平藩お抱えの箪笥《たんす》金具職人という商家であった。内田にもその技術者の血が流れていたとみられ、小学校四年生のときにはもう『子供の科学』を読んで、鉱石ラジオを作っていたのだという。

内田は福井商業学校に入学。その在学中に、内田はある発想を得る。「鉱石ラジオの鉱石は検波用にしか使われていない。一方、真空管は検波用もあれば増幅用もある。ならば鉱石も増幅用として使えるのではないか」と考えたのだ。

これには説明が必要だろう。鉱石ラジオとは、方鉛石、黄銅鉱などの鉱石の整流作用を利用したAMラジオ受信機のことだ。整流作用とは電流を一方向だけに流す作用で、ラジオ放送の電波から音声信号（低周波の電気）を取り出す（検波する）ときに電流を一方向だけに流す整流作用を持つ素子が必要になる。その検波用の素子として、真空管が普及する以前には鉱石が広く用いられていたのだ。

もちろん、ラジオとして機能するためには、検波するだけでは不十分で、取り出した電気を増幅する必要がある。当時、真空管には、検波用とその電気を増幅する増幅用があったが、鉱石には増幅作用がないと考えられていた。しかし内田は、鉱石にも増幅作用があるはずだと考えたのだ。内田がこうした鉱石のメカニズムを熟知していたのは、秋田県の鉱山学校の教師をしていた内田の叔父によるところが大きかったようだ。叔父から鉱石に関する豊富な知識を学んだ内田には、こうした着想を得る土壌があったといえる。

高校卒業後、ＮＨＫの技術者養成所に入り、そこを第二番の成績で卒業する。その成績が認められ、一九四一年にはNHK技術研究所に入ることができた。そこで内田は、高校時代に着想した鉱石の増幅効果についての研究に着手した。しかし時代は、暗雲急を告げる。日本は太平洋戦争へと突入していったのだ。

世紀の大発見

それは戦争中の一九四三年のことであった。

内田は鉱石検波器を改造し、これに第三極の電極を設けることにより、真空管同様に電気の増幅ができるとの確信を得た。元々、鉱石の整流作用を利用するためには、二つの電極として、先のとがった針のようなものを鉱石の表面に刺すようにする。ある時、三本目の針を立てて鉱石の色々な場所を触れていたところ、突然、耳にしていたイヤホンの音が異常なほど大きくなった。驚いた内田は、その後、さまざまな実験を行ったのである。

もし鉱石が真空管の替わりに増幅作用をもたらすのであれば、それは画期的な出来事であった。というのも、当時の真空管はよく「玉切れ」を起こし、あまり実用的とは言えなかったからだ。増幅作用を鉱石という個体が代替できれば、安定性が増すだけでなく、小型化できるのではないかという期待もあった。

問題は鉱石に何を使うかであった。叔父に教わった鉱石についての知識を基に内田は、栃木県の日光の山中まで分け入り、様々な鉱石を採取しては実験を重ねた。そしてとうとう一九四七年、ある鉱石に針を立てると、増幅作用があることを発見した。その結果をブラウン管で調べたところ、一ボルトの入力が約三倍の三ボルトになることがわかり、内田はこれを「三極鉱石」と名づけた。

大発見であった。これは後に開発されるトランジスタそのものであったからだ。

内田はこの発見を発表しようとした。ところが、NHK技研の上司はまったく認めようとしなかったのだ。それどころか、その上司は内田に対し「鉱石で増幅するはずがない。君は、味噌汁で顔を洗ってきたのか」「頭が変になったのではないか。君は研究所の恥だ」などと罵倒するばかり。内田は悔しさで唇を噛んだ。

傷心の内田は、戦時中NHKの熱海放送所長を勤め、当時NHK技研の先輩であった杉本哲を熱海の自宅に訪ねた。そのときの様子を杉本は著書『初歩のトランジスターラジオの研究』の中で次のように記している。

「内田さんはたしかに三極鉱石が増幅作用のあることがわかり、大いに自信があるのだが、どうしたものか、という相談にきたというのです。これが、アメリカでトランジスタの発表になった年の、お正月のことです。内田さんの発明は、その前年の秋ごろなのです。

私も半信半疑だったのですが、『君が本当に自信があるなら、個人が何といおうが、早く実物を作って、発表しなさい』と、大いに激励して、真鶴の海岸などを歩いてかえしてやったことを、いまでも、はっきり記憶しています」

アメリカに先を越された大発明

先輩の杉本哲に励まされた内田は、上司に無断で、ある電気雑誌に三極鉱石の成果を発表しようと原稿を渡した。しかし、このことが上司の知るところとなり、掲載は差し止められたという。

内田はその後も、別の雑誌の編集者らに研究成果を話すなどしていたが、そうこうしているうちに内田にとってはショックなことが起きた。一九四八年夏ごろ、米ベル研究所のW・B・ショクリーらによって、内田が発明したのとほぼ同じものが「トランジスタ」として発表されたことを知ったのだ。

「内田さんはもちろん、この事情を知っていた私までが、本当に地団駄《じだんだ》を踏んで、くやしがりました」と杉本は言う。上司に理解があれば、今頃は内田がトランジスタの発明者に名を連ねていたかもしれない。皮肉なことに、その上司はその後も着々と出世し、後に大手電機メーカーの研究所長にまでなった。

同じような話は前にもあった。愛媛県八幡浜《やはたはま》生まれの明治時代の技術者・二宮忠八《ちゅうはち》は、滑空するカラスを見て、空を飛ぶ飛行機が造れるのではないかと考えた。一八九一年には無人機のプロペラ飛行実験に成功、さらに有人飛行を成功させるべく「玉虫型飛行器」の模型を完成させた。ところが、同飛行器の開発を軍の上官に進言したが、却下されてしまう。

軍に開発意欲がないとわかった二宮は軍を退役、独自に飛行機開発を進めたが、なかなかスポンサーが現れない。そうこうするうちに一九〇三年、アメリカのライト兄弟が有人飛行に成功してしまう。後にわかったのだが、「玉虫型飛行器」は飛行力学的に正しく、実際に飛ぶことができた可能性が高かった。二宮がもし陸軍の理解を得て開発費を得ていたら、おそらくライト兄弟より先に飛行機の発明者になっていた。融通の利かない上司や上層部のせいで、これまでも多くの発明や発見が葬られてきたのだろうか。

トランジスタの発明は、その後のエレクトロニクス産業に一大革命を引き起こした。トランジスタはラジオだけでなく、テレビ、コンピュータ、レーダーなど社会、産業のあらゆる分野で応用が可能だった。一九五八年には、トランジスタからIC（集積回路）が生まれている。コンピュータ時代の幕開けだ。トランジスタが、今日の社会における最大の発見の一つに数えられるのも、エレクトロニクス産業を短期間で飛躍的に発展させたからである。

その後、ベル研究所のショクリーら三人はトランジスタ発明の功績が高く評価され、ノーベル物理学賞を受賞した。もちろん、そこには内田秀男の名前はなかった。

別の発見でリベンジ

失意のどん底にあったが、内田の研究に対する意欲がそがれることはなかった。内田はその後もＮＨＫ技研でテレビ受信機の研究に従事、その過程で新たな発見をする。

内田は、大国が核実験するたびに、日本に飛来する放射能の「チリ」がテレビ画面上に特有の白黒の斑点となって現れることに気がついた。それは、パラパラパラパラと白いものが星のように出たり消えたりする現象であった。何度も追試して、自動車などによるノイズとは明らかに異なることもわかった。つまり、放射能がテレビで見えることを発見したのだ。

内田は一九五六年、この発見を「家庭用テレビで放射能が感知できる」として雑誌『電波技術』に発表。これが反響を呼び、朝日新聞やジャパンタイムズといった国内のメディアだけでなく、APなど海外通信社もこのことを報じ、世界的にも大きな話題となった。

内田にとっては、一種のリベンジであったかもしれない。その約十年前には、トランジスタの発明を「アメリカにとられて」しまった。しかし今回は、世界に先駆けて放射能がテレビで探知できることを発表できたのだ。

この発見について前出の杉本哲は、『初歩のトランジスターラジオの研究』の中で次のように書いている。

「このことがあって、前の悔しさが、幾分薄らいだように思いましたが、湯川さんの次に、もう一人、日本人がノーベル賞をもらいそこねたことは、かえすがえすも、残念なことであります」

内田はもはや、NHK技研ではやり残したことはないと思ったのだろう。腹の立つことの多かった職場から帰ったある夜、妻に突然「今日、辞表を出して辞めてきた」と告げたのだという。内田は一九五七年、NHK技研を辞め、内田ラジオ技術研究所を創設した。

内田秀男が創設した内田ラジオ技術研究所は、受信機技術を指導するほか、受信機用コイルの製造やテレビの部品を販売する会社で、一時期、日立製作所や神戸工業の技術顧問を務めたこともあったという。

福の神、貧乏神

内田は一九六〇年から一九六二年にかけて、東京・渋谷駅南口前の大通りでラジオ、テレビ、アンプなどの販売店を開いた。しかし、それほど大勢の客が来るわけではない。あるときは一週間で数人しか来ないときもあったという。しかも来客があっても、買うとはかぎらない。

ところが内田は面白いことに気がついた。知人のAさんが店に訪ねてくると、その日がどんなに雨が降っている悪天候でも、「ワンサとたくさんのアマチュア諸君が押し寄せてきて」、商売が繁盛した。ところが、その反対にBさんが訪ねてくると、どんなに天気の良い日でも「それからサーっとお茶をひいて、商売まるきり駄目」という現象が起きたのだ。

これらの人は福の神、貧乏神ではないか。では、どういうメカニズムが働いているのだろうか。内田は不思議でしょうがなかった。

内田は、その現象が人間だけでなく、土地でも起こるのではないかと考えた。福をもたらす土地がある一方、不幸をもたらす土地もあるのではないか、というのだ。内田はその例として次のようなエピソードを挙げている。

「ラジオ業界では名前の知られた方で、戦後有数な工場経営をやってこられたCさんは、戦後のラジオブームに乗って増大する受注に対応するため、新しく東京近郊の大工場を買収し、移転した。ところがその建物は、付近の古老の話によると、移転してくる方は必ず、事業に失敗するか、倒産するなどのいわくつきの建物であった。果たせるかな、その工場は、一年足らずのうちに小火《ぼや》を出し、四年目には全焼する火事に見舞われ、やっと立て直したと思ったら、七年目に膨大な金額の手形不渡りの事故にあい、十年目にはやはり労働争議に巻き込まれ、倒産してしまった」（内田秀男著『続四次元世界の謎』より）

福をもたらす土地、不幸をもたらす土地があるかもしれないと思いつつ、内田は一九六二年、秋葉原のラジオセンター二階にラジオ部品などのジャンク屋を開店した。ジャンク屋を始めたのは、戦時中の友人が開校した蒲田のテレビ学校で、そこの生徒たちへのアンケートに基づき、古くても良いから安い部品が欲しいという要望に添えるようにと考えたからであった。

秋葉原は幸運の気に満ちていたのだろうか、やがて商売は押すな押すなの大盛況となる。商売が儲かり、生活に困らなくなると、内田は自由な研究時間をもてるようになった。

超常現象研究への道

ちょうどそのころ、電気技術者として秋葉原で電気部品店を経営していた内田の人生が一八〇度変わるような出来事があった。当時内田は無神論者で、科学万能を信じていた。ところが、ある不思議な能力を持つ〝霊能者〟に出会うと、それまで自分が「信じていた電子工学に、何か重大な欠陥があることに気がついた」のだと言う。

その霊能力者が内田の目の前でやってみせたことは、科学の常識を超えていた。霊能力者にわからないように電気コードに微弱な電流を流したり止めたりしても、霊能力者は正確に電流のオン、オフを言い当てたのだ。霊能力者は内田にこう答えた。「(電流が流れているときは)コードがかすかな薄紫色に輝いて見える」

内田はそのとき以来、常人には見えない「色」、つまり「オーラ」の正体を突き止めようと「すっかり虜《とりこ》になってしまった」と言う。

内田には確信があったようだ。超常現象の研究は、三極鉱石の発見と同様、最初は相手にされないかもしれない、だがいつか、その現象が科学的に(少なくとも電子工学的に)解明される日が来る、と。

内田は霊能力者に関して、次のようなエピソードも紹介している。一九六六年六月十七日、秋葉原ラジオセンター内にある内田の店がもらい火で焼け、休業中のことだった。内田は時間ができたので、当時霊能力者として評判になっていた山田祐子に初めて会いに行った。

山田は内田に会うなり、いきなり内田に向かって右手をかざして「あなたは、いま肩に疲れがありますね。あなたは学術研究者であり、また商売人ですね。現在、心霊現象について研究しようという考えをもっているが、いまひとつは、今やっている事業にトラブルがあるか何かで、心配ごとがありますね」と言い切った。

そのとき内田が山田に話したのは、名前と生年月日だけだった。「ほかのことは何も話さないのに、心の状態、身体の状態をズバリ、スッパ抜かれたのには、本当に驚いてしまった」と内田は言う。

あっけにとられた内田は山田に「何も話さないのに、どうしてズバリ心の状態、身体の状態がわかるのですか?」と聞いた。山田は、特に何もしなくても、目を閉じていても五感に感じると言う。「とくに手の指先を相手に向ければなおさらぴりぴり、ジンジンと正確に五感に感じる。手や指先は、ちょうどアンテナのような働きをする」のだと言う。

内田は山田祐子の能力にすっかり感服し、以来山田の協力を得て、超常現象に関する数々の実験を実施するのであった。

「第三の目」の実験

一九六八年二月二十六日、内田は偶然驚くべき現象を発見した。霊能者の山田祐子宅を訪問し、九星学の考えに基づく技術を電気的な測定器として実用化することに成功したという「岩見式生命力測定器」のテストを、測定器発明者の岩見と一緒に実施したときのことである。この測定器は、おでこの真ん中にある第三の目といわれるツボ「神庭《しんてい》」の電気的な抵抗値を測るものだったが、山田の場合、初めは大きく振れているだけだった針がやがてスケールアウトして（針が振り切れて）測定不能になってしまった。

岩見は驚いた。普通の人間ではありえない数値であり、現象だったからだ。

山田祐子は「どうなんですか、私は正常なんですか、それとも何か変わっているのですか」と内田らに聞く。岩見は「実は私がこれまで、多数の人々についておでこの実験をしてきましたが、メーターの針がスケールアウトするのは初めてです。やはり山田先生はどこか変わっているのでしょう。私には今のところ、（どうしてなのか）はっきり返事ができません」と困った顔をして言う。すると山田は「今測っている最中に、ちょっとクンバハカをやってみて、どれくらいメーターの針が変わるかを私が実験してみただけです」と言う。

クンバハカというのは、インドのヨガの行《ぎょう》のひとつで、山田によると、この行を積み重ねると、普通の人には見えないオーラや幽体の姿が見える霊能力者になるという。実験の最中、山田がこの行をやったために針が振り切れてしまったというのだ。

これを聞いた内田もクンバハカをやってテストしたが、どんなにやってもメーターの針がスケールアウトするまではいかない。ところが、山田の下で修行した霊感の強い人で同様に試したところ、やはりスケールアウトしてしまった。

どうも霊感の強い人のおでこからは、何か普通の人とは異なったものがレーザービームのように輻射《ふくしゃ》されているようだ、と内田は思った。少なくともこの実験により、クンバハカをすることによっておでこの真ん中のツボの電気抵抗値が大きく変わることがわかったのである。

第三の目に映る像

内田によると、霊能力者が霊視をする場合、おでこの真ん中にある「第三の目」が重要な役割を果たすのだという。その例として内田は、友人の知人Kがインドのニューデリーで体験したという不思議な話を紹介している。

その知人Kは一流商社の中堅幹部で、一九七〇年三月からパキスタン、ミャンマー、タイなど東南アジア諸国に出張した際にその奇異な出来事に遭遇した。三月のある土曜日の朝、Kがニューデリー市内のホテルのそばを散策していると、頭にターバンを巻いた老人が英語で話しかけてきた。

「私はヨガ行者です。もし私があなたの奥さんの名前を当てたら、あなたは怒りますか、それとも喜びますか?」

不意に声をかけられたKは、その老人をしげしげと眺めた。老人は白く長いひげを伸ばし、鋭い眼光を放っていた。どうにも胡散臭《うさんくさ》い。Kは相手にしてもどうせ金をせびられるだけだと思い、立ち去ろうとした。するとその老人は「それなら、ためしにあなたは、数字を頭に思い浮かべなさい。声は出さなくてよいから」とつきまとう。

そのしつこさにKも根負けし、老人の提案に従って、ある数字を思い浮かべた。老人は即座に「その数字は7でしょう」と言い当てた。さらに間髪いれずに「あなたは、それは違う、6とか8と答えてもいい。しかし神に誓うなら、あなたはきっと7と言うでしょう」となおも迫る。図星であった。でもどうして7という数字がわかったのか。Kはそれを確かめようと、老人の誘いに乗って、一つについて五ルピー(当時の為替《かわせ》レートで約二百四十円)で数字当てゲームに付き合うことにした。

白ターバンの老人はKにメモ用紙を渡し、お互いにこの用紙に答えを書き、ワン、ツー、スリーで見せ合おうではないかと提案した。Kは最初に結婚年月日を当てるように告げ、相手に見えないようにその数字をメモ用紙に書いた。すると老人は、Kの顔の額の辺りをまじまじと見つめ、自分のメモ用紙にサラサラと数字を書いた。そして同時に見せ合うと、一九六八年五月二十六日という数がピタリと一致したのだという。

数字だけではなく、趣味を当ててみろと言うと、老人は同様にして「フィッシング」という言葉を書き当てた。老人はこのようにして、Kの妻子の名や生年月日、Kの好きな花や食べ物などを次々と当てたのであった。

Kは不思議なことがあるのものだと調子に乗ってドンドン質問したため、あっという間に手持ちの小遣いだった百五十ルピー（当時の為替レートで七千二百円）を使い切ってしまった。手品にも似たようなネタはあるが、Kが一番驚いたのは、その老人が最後に、Kがまったく覚えていない宝くじの番号を答えたことであった。その宝くじは日本のKの実家の洋服ダンスの引き出しの中の小箱に入っていた。老人はその番号が4組の158111であると断言したうえで、それは大変なラッキーナンバーで、もしかしたら最高額の賞金がもらえるかもしれないと言う。

このとき老人はKに五百ルピーを要求したが、既に払える金は持ち合わせていなかった。それでもKは、聞いた番号を記憶にとどめて帰国。タンスの中の宝くじと照らし合わせてみると、まさに老人が言ったとおりの番号であった。さて、いよいよ当選かと喜び勇んで当選番号を確認したら、何と特等六百万円の当たりくじは4組158222で、111の違いがあった。

Kはあのとき、五百ルピーを老人に渡していれば、当選していたかもしれないと悔やむことしきりであったという。

おでこから浮かび上がる映像

内田がこのKの話に注目したのは、人間の思索や思考は第三の目があるというおでこのあたりに映像として浮かび、霊能力者はその額に映る映像を捉える能力があるのではないかと考えたからだ。内田は以前、透視実験に協力してもらっていた「霊能力者」の磯部友紀子から、「相手のおでこのところに、その人が考えていることが全部映る」ということを聞いていた。磯部によると、おでこから数センチ離れた空間にスクリーンができたかのように映像が浮かぶのだという。

そのとき磯部は内田に、練習すれば誰でも見えるようになると告げた。そしてためしに「強力な念を入れて、額に何かの像を出してみますから、目を細くして額の中央を見なさい」と言う。同席していた一同がいっせいに磯部のおでこの辺りを見つめた。すると、なにかほんわかと赤い色が額の中央あたりに丸く漂っているのが見えたのだ。

そのうち一人が「あっ、赤い灰皿だ」と言うと、次々に「そうだ、そうだ。確かに灰皿だ」と皆も同意する。磯部は「ご名答、よく当たりました。これは、なにもおでこのところに、赤い灰皿を念じたのではなくて、頭の中で赤い灰皿の形態と色彩を思い浮かべて、念を集中しただけです」と言う。その後、皆で念を集中してお互いの第三の目の映像を見る実験をやってみたが、磯部の額ほどはっきりとは浮かんでこなかったという。

おそらくKがニューデリーで出会った老人も、Kの額に映る映像を見ていたのではないだろうか。磯部の話を聞いた内田は、霊能力者の山田祐子にも第三の目の映像について聞いてみた。山田は次のように内田に言った。おでこの表面から約一センチ離れた空間に文字や画像が浮いたように映る、普通の人の目には見えない光「オーラ」の膜を通して、はっきり見えるのだ、と。

映像がオーラの膜を通してはっきりと見えるという表現は面白い。国際気能法研究所の秋山氏によると、オーラは身体のそれぞれの細胞から針状に放射されている光の束なのだという。オーラを近くで観測すると、一本一本は糸のようなビーム（光線）で、そのビームが全体として波打っているように見える。身体の中で調子の悪いところから出ているビームは、歪《ゆが》んだように折れ曲がっており、そのあたりが暗くなる。ビームの延長上には小さな点のような光が見え、能力者がその点のような光に意識を合わせると、ズームアップしてきて、映像、文字など様々な情報が読み取れるのだそうだ。

おそらく第三の目など人間のツボからは、他の細胞よりも強いビームが出ており、よりはっきりとメッセージを発信しているのではないだろうか。山田が内田に語ったところによると、本人がウソの数字を言っている場合は、おでこに現れる「霊光文字」が、本当の数字とウソの数字が交互に入れ替わり、ときには重なって輝くが、ウソの数字はピクピクと歪むのでウソだとすぐにわかるのだという。

一方、磯部は内田に次のようにも言っている。おでこに現れる文字は額が髪の毛で覆われていても、帽子を被っていても見えるのだ、と。つまり、オーラの光は物体を難なく透過する。まさに霊光と言ってもいい、科学で解明されていない謎の光なのである。念力によるスプーン曲げで知られる清田益章氏がやったという念写も、額から出るビームのなせる業《わざ》であったかもしれない。

内田の前途には、謎に満ちた不思議な世界が広がっていた。おでこの電気抵抗値がクンバハ力によって常識では考えられないほど大きくなることは、その謎を解くささやかな一歩にすぎなかった。こうした超常現象に魅せられた内田は、この後もこの異次元の世界に科学のメスを入れ続けるのだった。

呼吸法でオーラが見えるように

ここで、内田秀男がよく言及する「クンバハカ」について触れておこう。

クンバハカとは、ヨガの瞑想・呼吸法の一種。日本ではヨガの哲人・中村天風《てんぷう》によるクンバハカが知られているが、人によっていくつかのやり方があるようである。

内田がやったとみられるクンバハカは、へその周りを囲むように両手をそえて、いわゆる臍《せい》下丹田《かたんでん》に気を込める。そして胸を張り、あごを引き、脊髄《せきずい》が後ろに弓なりに反るような姿勢をとる。尻は後ろに引いて肛門を締める。

その状態で、腹の底から息をなるべく時間をかけてゆっくりと吐き切る。吐き切った後、なるだけ長い間（最低五、六秒）息を止める。その後、息を吸うがそのとき肛門を緩《ゆる》める。

これを一セットとして三回以上行う。

両手を広げてやる方法もあり、内田は毎朝、東に昇る太陽に向かって両手を広げ、クンバハカの行を欠かさず続けた。雨が降っていても、曇っていても、早朝の太陽の方向に向かってやる。内田はこの行を百日間続けてやったところ、不思議な現象を見ることができるようになったという。

何が、見えたのか。内田は神社の御神体から放散する薄紫色の光が見えるようになったのだという。その光は「チェレンコフ現象による蛍光発光」のように、社殿の神棚などに納められていても、御神体の周りに「雲か絹の固まりのような感じ」で放散されていた。内田もオーラが見えるようになったのだ。

そのことを霊能力者の山田らに話すと、「(それは)御神体から出ているオーラで、それが神様の後光というもの。あなた(内田のこと)はまだ、霊的視感度が弱いから平気で御神体を見ておられるのですが、霊的視感度がよくなってきたら、とてもまぶしくて長い時間見られるものではない」とたしなめられたという。

クンバハカについて内田は、次のようにも忠告している。

「クンバハカの行法は、スモッグの多い日や、スモッグの多い場所でやると、身体の健康上有害であるから、やらないほうがよい」

おそらく大地の気を取り込む行法なので、少なくとも空気のきれいな場所で実施しないと逆効果になるようである。

〈内田秀男のオーラ・メーター〉

電流にもオーラがあるということを霊能力者から教わった内田は、ならば人間のオーラも電気的に測定できるはずだと考えて、試行錯誤のうえ作り出したのが、オーラ・メーターであった。このオーラ・メーターは、人体はもちろん、動物、植物などの生体をはじめとする有機物質だけでなく、岩石や鉱物といった無機物質から輻射しているプラスイオン、マイナスイオンを含む極微弱な電界の歪みを検出することができる優れものだった。

しかし、微弱な電界の変化も検知するので、測定には細心の注意や技術が必要になる。空間に飛び交っている放送電波や商用電源からの誘導妨害を除去する濾波器シールドをオーラ・メーターに接続したり、検出器の周囲の静電気やイオン帯電による電界の影響を除去するため指示器の針をゼロ位置にセットしたり、あるいは、できるだけ障害物のない広い場所で実験したりした。実験者のオーラが被験者のオーラに影響を与えないよう、検出器と実験者の体までの距離も一定に保つようにした。

このオーラ・メーターを使って、一九六〇年代から七〇年代にかけてデパートの催事場などで約四千人を対象に生体の周りの電界の歪みを計測したところ、それぞれの被験者の生体の周りに、ある種の電場が形成されていることがわかった。その形状は、十人の霊能力者による〝オーラの霊視〟で得られた、それぞれの被験者のオーラ放射の形状と極めて相似していたという。

内田はこの実験について、「オーラ・メーターによる観測実験は（慎重な検討の末）完全に再現性があることが確かめられた。瞬時に変化するオーラの状態は検出しづらいが、定常状態におけるオーラの外観形状はオーラ・メーターで検出できることが確認された」と述べている。

内田は人間だけでなく、植物、電球光源、太陽光などに対しても、電界の歪みを計測した。内田は一九七六年、その結果を日本サイ科学会に『オーラ現象の一測定法について』と題する論文として発表しているので、その結果を紹介しよう。

オーラの測定結果

その論文によると、オーラ（生体エネルギー）はある種の電場・電界であることは間違いないようだ。人体のオーラを測定した結果、人体を取り囲むように電場が急変する場所が存在することが確かめられたという。オーラの形状は円型、野仏《のぼとけ》型、観音《かんのん》像型、不動明王《ふどうみようおう》型などに分類することができ、その大きさは、季節、昼夜、天候、周りの空気の汚染具合などによって変化した。

通常、オーラ・メーターの検出器を人体に近づけると、負電荷が増大し、遠ざけると負電荷が減少する。ところが、ある種の飲食物を摂取した後や健康状態によっては、検出極性が逆転する部分が検出されることがわかった。

たとえば、心に悩みのある人のオーラは、頭上に本来なら増加するはずの負電荷が減少に転じるような球状の部分が出現する（図

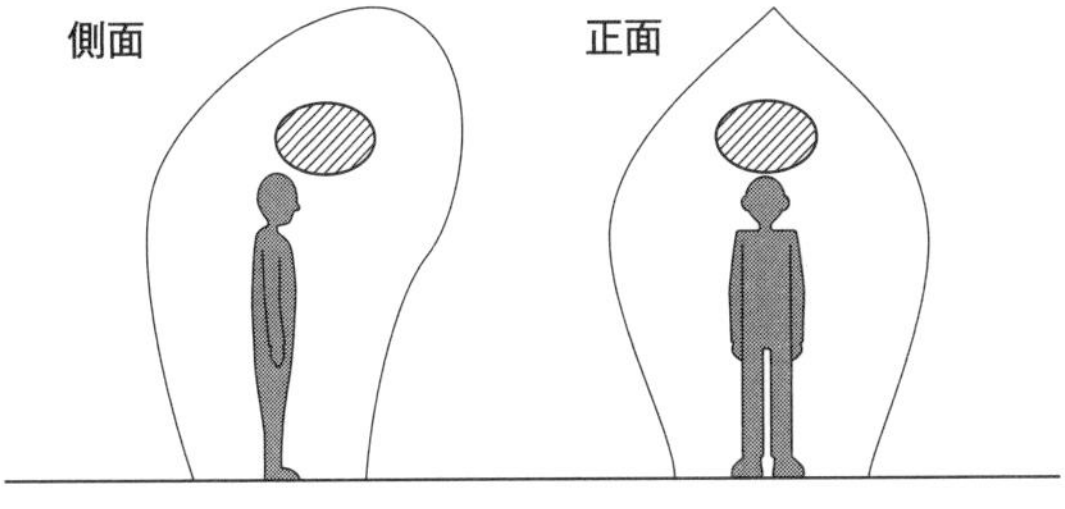

図① 心に悩みがあるときのオーラの形状例。

①」。私はこの図を見て思わず吹き出してしまった。というのも、その悩みがもたらしている異常な球状（風船状）の部分というのは、まるで漫画の「ふきだし」そのものだったからだ。

この球状の部分は生体エネルギーの放射が弱まっている部分とも解釈できるが、面白いのは心に悩みのある場合はその球状部分が頭から少し離れて観測されるのに対して、球状部分が頭に接して観測されるときは、寝不足や二日酔いなどの場合が多かったことであった。

不思議な測定結果はほかにもあった。コーヒーを飲んでから三十分以内にオーラを計測すると、お腹の辺りにやはり負電荷が減少する（生体エネルギーが弱まる）部分が出現した。盲腸の手術をした人のオーラも、衣服に関係なく、手術をした箇所に生体エネルギーが弱まっている部分があった。

そして極め付けともいえる測定結果が、怒っている人のオーラであった。怒っている人を測定すると、通常のオーラ電界の中に、頭から一本または二本の角状の放射異常部分が生じ、数時間持続することも観測されたのだ。人間は怒ると角が生えるということが科学的にも確認された「画期的な発見」であった。

オーラ・メーターで測定したオーラの形状については、内田が書いたとみられるイラストが残っている（図②）。左から円型（阿弥陀如来《あみだにょらい》型）、観音型、不動明王型である。一番上の段が正面から見た図で下の二段が横から見たところだ。面白いのは、礼儀正しい人と我が強い人ではオーラ全体の向きがそれぞれ前方、後方と反対に傾くことであろうか。

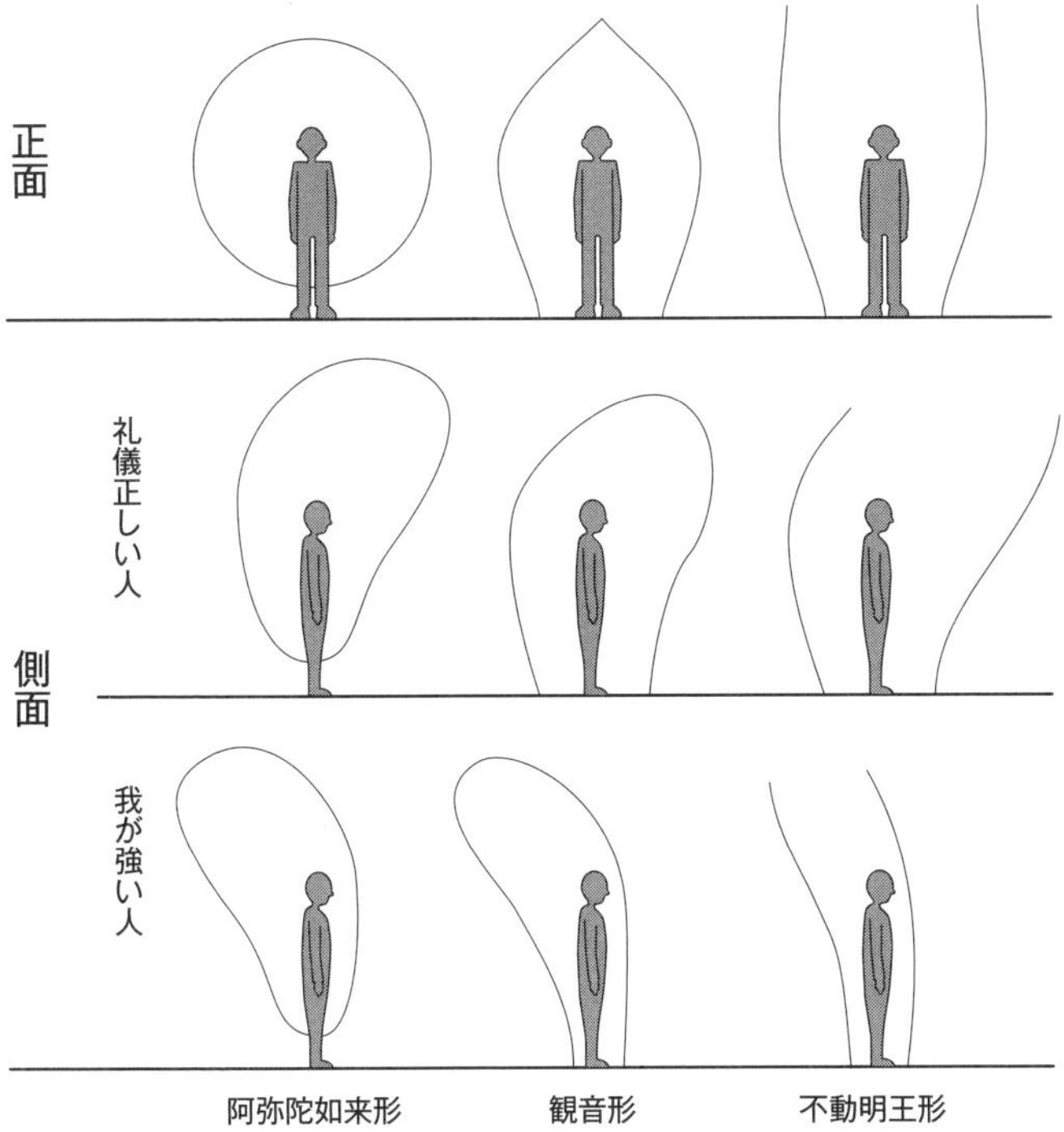

図② 内田が測定した人体オーラの基本形状例。

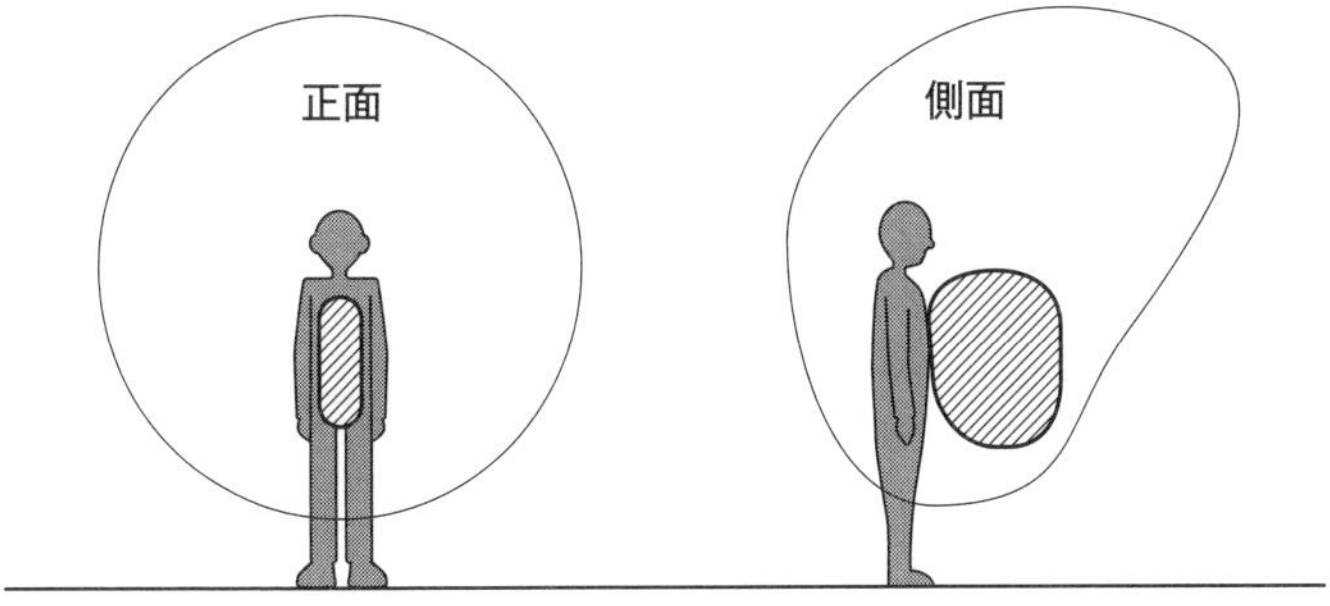

図③ コーヒーなどを飲んだときに現れるオーラの形状例。

この人体の周りに形成される電界の境界線までの距離は、〇・五〜二メートルで、不動明王型は上部の境界がわからず、無限に開けたような状態に描かれている。

心に悩みがあるときのイラストは前掲の図①の通りで、頭上に大きな風船状の塊が現れたようになる。まるで漫画のふきだしのようだ。

コーヒーなどプラス電気を持つ飲食物によって現れるオーラの異常は、胸から腹にかけて現れる〔図③〕。

怒っているときのオーラの異常例のイラストを見ると、まさに頭から角が生えたようになっている〔図④〕。

盲腸の手術をしたことのある人のオーラは、図⑤のように腹部の辺りに極性の逆転現象が見られたという。

内田は妊婦のオーラのイラストも描いている〔図⑥〕。胎児からの生体エネルギーが別に放射し、その境界面では数センチの検出極性逆転層が観測されたとしている。胎児からは別の生体エネルギーが放出されるのであるから、ツワリが生じるのも無理からぬことではある。

〈特殊なオーラも検出〉

超能力者のオーラだろうか。内田はごく稀なケースとして、特定の人物に極性逆転現象が現れるオーラの異常にも言及している。

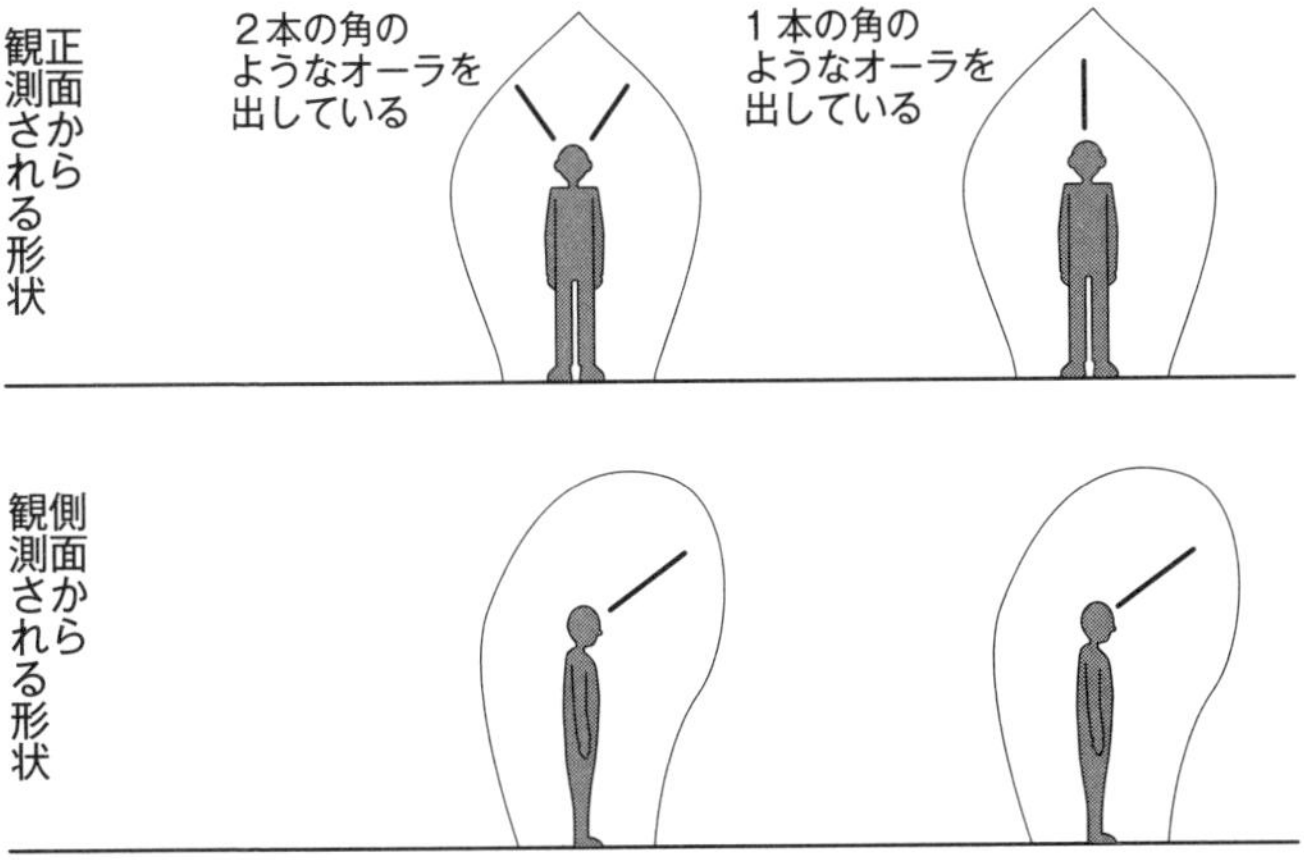

図④ 怒っているときに現れるオーラの形状例。

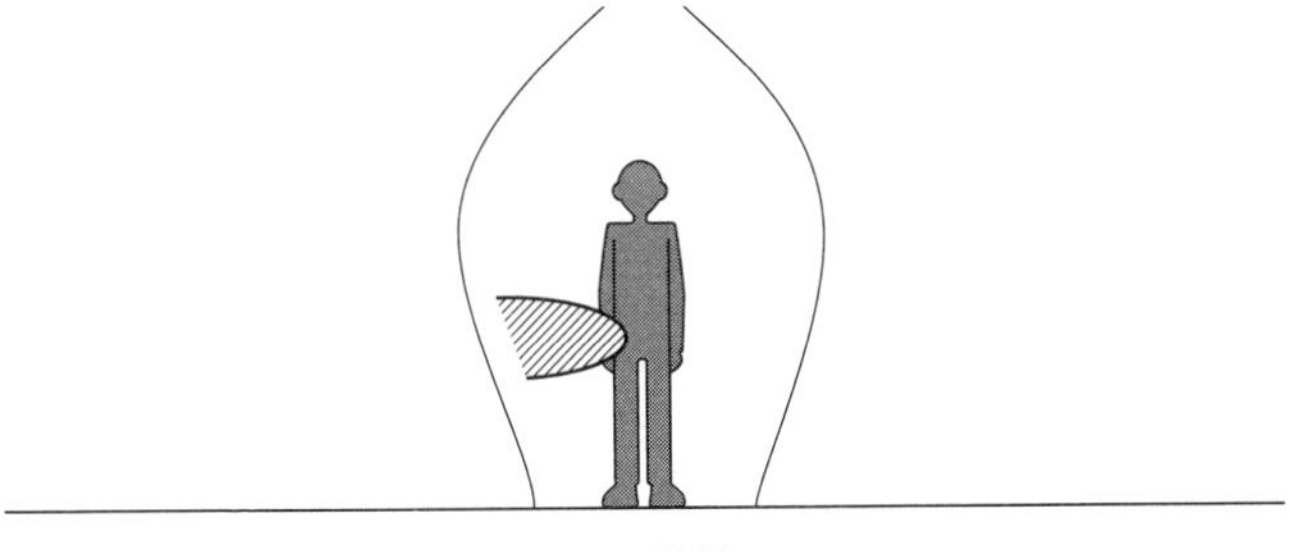

図⑤ 盲腸を手術したことのある人のオーラ形状例。

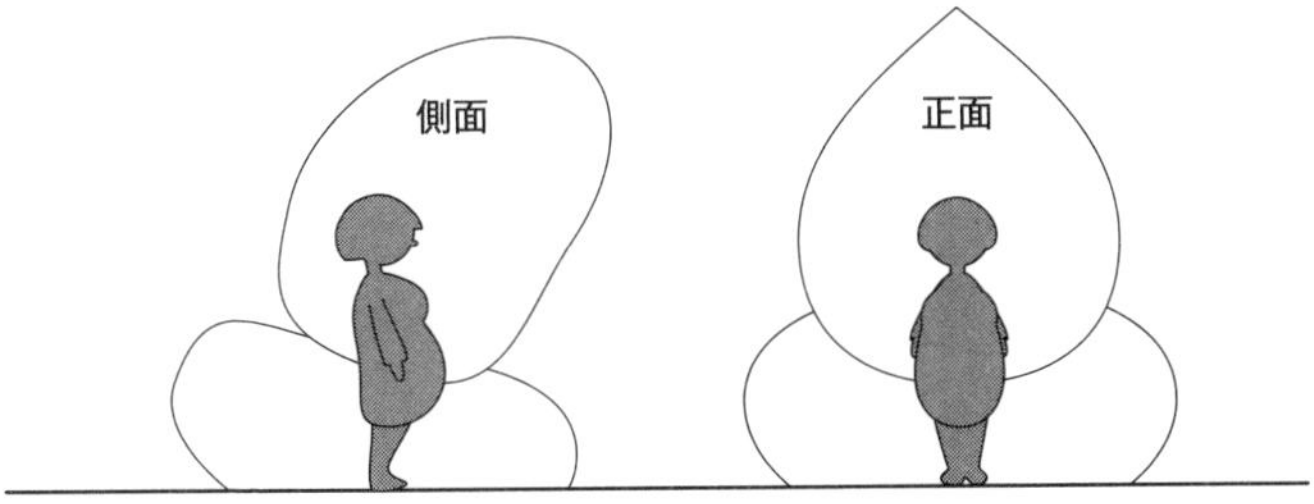

図⑥ 妊婦に現れるオーラの形状例。

それによると、その人の人体に検出器を近づけると、頭の上とか股の周囲で負電荷が減少し、遠ざけるときには増大する。そのときの検出値は一般の平均値より電圧比で百倍以上、電力比で一万倍以上の強度で、少年少女に多く観測された。しかもその際、金属製スプーンを頭の上とか股の付近に持ってくると、工具を使わなくても、「地球引力を利用したわずかな反動力で、スプーンが変形する現象」を起こしたのだという。

内田はほかにも太陽や植物を対象にして、オーラ・メーターで実験を重ねた。根のある植物の場合、幹や枝や葉に検出器を近づけると負の電荷が増大し、離すと減少したが、根のない植物や枯れた植物の場合、幹や枝や葉の周囲では逆の極性を示した。太陽光の場合は、検出器を近づけると負電荷が減り、遠ざけると増大する傾向が見られたという。

検出器を動かすのではなく、検査対象者や物を検出器に向かって移動させた場合でも、同じ結果が得られた。

内田はこうした実験結果について、「一見、静電場を観測しているようであるが、検出極性が互いに反対の二種類の電磁エネルギー放射場がどうして存在するのか、電磁エネルギー放電場の中に、どうして静電場に似たエネルギー分布が存在するのか、電磁エネルギーの性質について、十分な説明ができない問題が存在する。(これらの結果は)将来において、電磁場におけるファラディの法則のように、電磁気学に非常に重大な貢献をもたらし、オーラ現象の謎を解くに役に立つであろう」と述べている。

こうした一連の実験・研究成果は一九七五年にモンテカルロで開催された第二回サイコトロニクス国際研究会議で発表された。そしてオーラ・メーターは、イギリス、ドイツ、フランス、旧ソ連で特許を取得、スイスのロレックス財団により、「その年の世界の発明五十選」に選ばれたこともあったのだという。

手から出るオーラの増幅法

手かざしで病が治るなど、古代から手には不思議な力があるのではないかとされてきたが、内田は手から出るオーラについても詳細に実験している。

それによると、手の平や指先から輻射するオーラは、人により、または健康状態、環境などにより異なるが、だいたいの平均値は手から数センチから十数センチのところまでオーラが輻射されている〔図⑦〕。ところが、姿勢を正し、脊髄がまっすぐになるように注意しながら、あごを引き、腕を前に伸ばし、尻を後方に突き出す感じで、数回深呼吸（つまりクンバハカのような呼吸法）をすると、手から輻射するオーラが数十センチへと大幅に拡大することが実験で確認されたという〔図⑧〕。

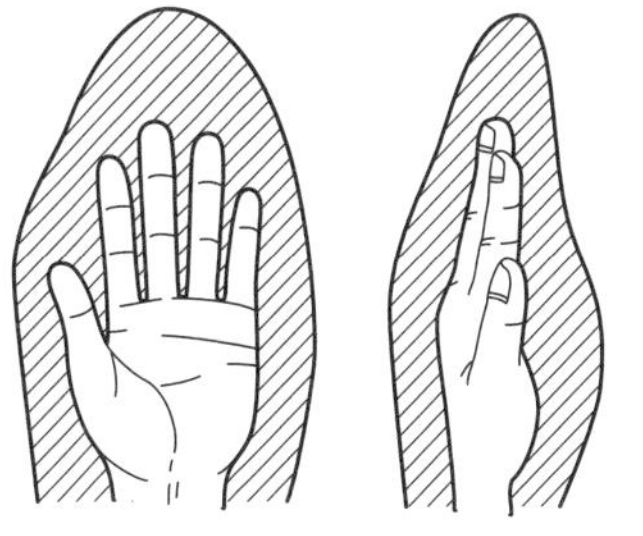

図⑦ 手の平のオーラの形状例。

手から出るオーラをより確実に拡大するために、内田は次のことを提言している。

クンバハカを数回繰り返した後、合掌した両手の平を数回すり合わせ、その後ゆっくりと指をそろえたまま離していく。このとき目を閉じて手の平に神経を集中してみると、かすかに何となくジワジワした感じがしてくる。するると手の平全体が、かすかに何となくジワジワした感じがしてくる。次に両手の平を近づけると、両手の平が吸い付くような感じになる。手の力を抜くのがコツらしい。

手の平に吸い付く感覚が生じたら、輻射されるオーラが増幅したことになるのだと内田は言う。逆にこのような感覚がないときは、知らず知らずに手全体や手の平に力が入っているか、何かの原因で身体に疲労が蓄積していることが原因であるのだそうだ。

オーラが増幅した状態になれば、毎日何気なく使っている陶器の茶碗や皿、壺といった瀬戸物から周囲に輻射しているオーラが手の平でわかるようになるとも内田は言う。たとえば、手の力を抜いたまま目を閉じて、瀬戸物の上方十～三十センチのところで手の平を下向きにかざして手の平に神経を集中すると、瀬戸物から弱い涼風（まさにギリシャ語のアウラー）のようなものが吹いてきているように感じるのだと説明している。

手の平の神秘

手から輻射するオーラが拡大・増幅した状態になったら、他の人のオーラがどういう状態になっているかを手で感じることができるようになると内田は言う。そうなれば次の段階へと移る。そのオーラがプラスのオーラか、マイナスのオーラかを感じ分ける技術を習得することである。

そのためにはまず、〇・五〜一メートルの乾いた木材で、年輪の中心がある薪か木の切れ端を用意する。その木材を垂直に立てて、上から手をかざす。次にさかさまにして同様に手をかざす。すると、どちらか片方のほうが反対側よりも冷たく感じるオーラを輻射していることがわかる。

このより冷たい感じがする側が、プラス電気として検出されるプラスのオーラの電磁エネルギーで、その反対側がマイナス電気として検出されるマイナスのオーラの電磁エネルギーであるという。一般に木の場合、根の方からはプラスの、葉の方からマイナスのオーラが出ている場合が多いらしい。

「手の平でオーラのプラス、マイナスを感じる段階までは、誰がやっても、修練さえ重ねれば必ず会得できる不思議な感覚である」と内田は言う。「初歩の段階では、天気の良い日、空気がよくて湿気ができるだけ少ない場所で試みるのがよい」

オーラを感じるようになるのが第一段階、そのオーラがプラスか

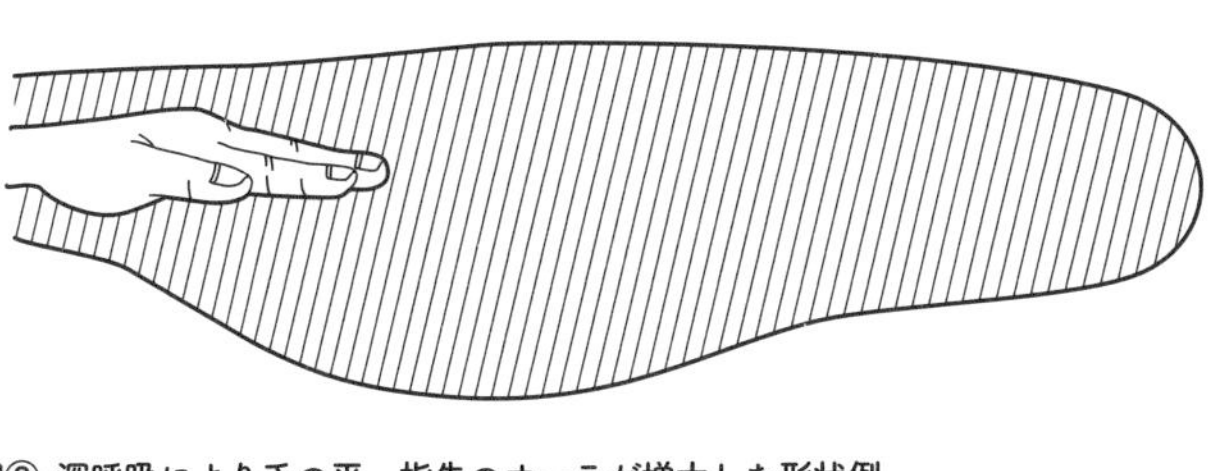

図⑧ 深呼吸により手の平、指先のオーラが増大した形状例。

マイナスかがわかるようになれば第二段階。この第二段階を会得し、毎日修練を重ねると、第三段階へと移行する。

第三段階とはどのような状態だろうか。内田の説明によると、たとえば誰かに会った場合、直ちに身体のどこかに異様な痛みとか、かすかなかゆみ、しびれや疲れを感じるようになるという。また、何かの品物を手にした場合、ゾクッと悪寒が背筋を走るのを感じたり、今日は何となく自動車を運転するのが嫌だなといった予感がするようになったりするという。

このような状態になったときにオーラ・メーターで観測実験すると、手からのオーラが増大しているだけでなく、おでこ付近からもビーム状のオーラが輻射していることが確認できるのだという。内田はこれを「第三の目が開眼した」状態であると述べている〔図⑨〕。

この段階で、神社の境内や広い野原に生えている杉、松、桧などの大木からのオーラをキャッチする修練をするといいと内田は言う。右手を高く上に上げ、手の平を大木の方向へ向ける。次に体全体でゆっくりと三六〇度回転して、それぞれの方角から受けるオーラを手の平で感じるようにする。やがて、大木のオーラが段々とキャッチできるようになるはずだとしている。それができたら、今度は大木から十メートル、二十メートルと段々と離れて同じようにオーラをキャッチできるかどうか試すことを勧めている。

このように修練をした人の手のオーラは確かに増大するが、いわゆる超能力者や霊能力者が手や第三の目から輻射するオーラは、普通の数十倍は強いという。能力者の第三の目から出るオーラビームにより、念の力で写真を写す念写や、封筒を開封しなくても手紙の内容がわかる透視、思念で物体を変形させる念力が可能になり、手の平から出るオーラにより、病気の治療も可能になるのではないかと内田は主張している。

警鐘、そして継承への期待

真空管に替わる革命的発明となったトランジスタと同じ仕組みを世界に先駆け考案した後、霊能力者との運命的な出会いをきっかけに異次元世界の不思議な現象の研究に心血を注いだ内田秀男。霊能力者の協力もあって、オーラ・メーター、イオンクラフト（編注：内田が開発した、電場と電場の反発力を利用した空間飛翔体）など独創的な発明品や装置、それに多くの興味深い実験結果を世に出していった。

しかしその研究は、いつも順調にいくとは限らなかった。科学と宗教の溝は深く、多くの摩擦を生んだ。修験者《しゆげんじや》に九字《くじ》を切られ、三日間ほど寝込むような深刻な事態に発展したこともあったという。その内田が、安易な超能力実験に対して次のような警鐘を鳴らして

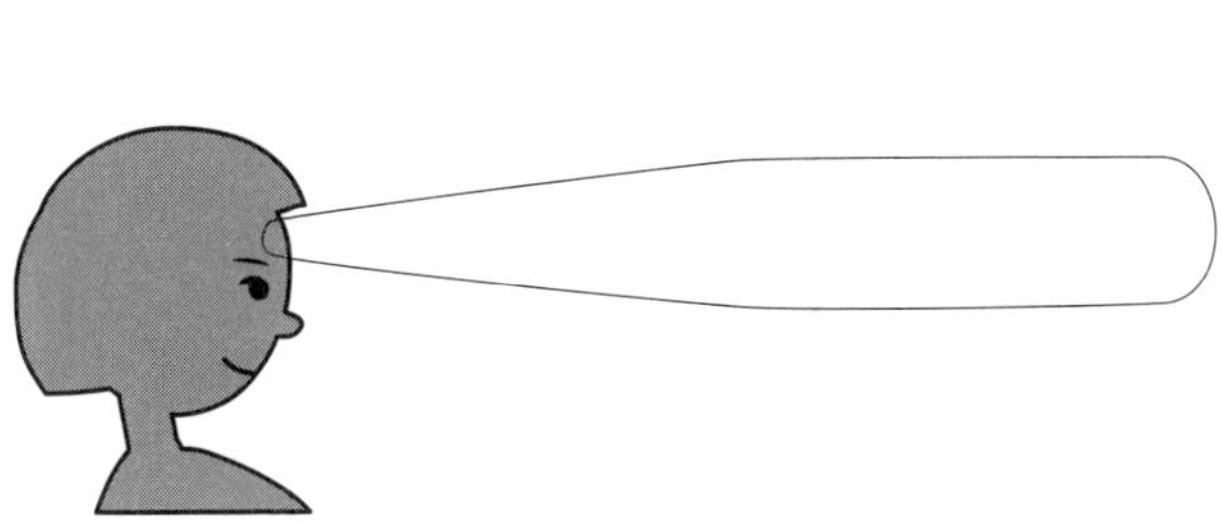

図⑨ おでこから出るオーラビームの形状例。

いる。

「四次元的、神秘的な事実現象の研究が盛んになることは大いに歓迎するところであるが、この分野の研究をする者は、少なくとも、神仏の信仰、先祖の供養をし、礼儀を正し、己の身体のオーラを前傾斜にしてから研究をやらせていただくという態度が大切であると思う。〝我〟の心で、この分野の研究を進めると、四次元の神秘の世界ではなくて、魔の世界に迷い込み、健康を損ねる結果を招きやすい。これは私の体験から述べることである」

かつて神社のお札を興味本位で解体し、後にある霊能力者から、そのせいで片目を失明したと告げられた内田ならではの警鐘であろう。

内田は「四次元科学」の研究が発展することを期待しながら、一九九五年十一月に七十四歳で永眠した。その際、オーラ・メーターを含む異次元世界の研究の継続を息子に遺言で託したという。幸いなことに二人の息子は理科系の研究者の道を歩み、ドイツ・シュツットガルトのマックスプランク研究所で水素エネルギーの研究などにより、ともに博士号を取得。現在は、二人とも理工系を中心とした総合大学で教授職にある。

内田秀男は一九九五年に亡くなったので、本人に取材することはもうできない。ただ、内田の作ったオーラ・メーターは今でも稼動することが可能である。私は内田の家族に頼んで、そのオーラ・メーターを使って実験をすることにした。

実験の再現を試みる

実験は東京・世田谷の内田の実家で行われた。**写真㉕**をご覧いただきたい。これがそのオーラ・メーターである。

内田のオーラ・メーターは十分に論理的である。電流に「オーラ」があるなら、それは電気的に測定・検出できるはずだからである。その仮定の下で電荷を測る装置を作ったのだ。オーラはかなり微弱な電荷であると予想されたので、電気量を増幅させてプラス、マイナスを測るようにしたという。

少し難しくなるが、オーラ・メーターの原理も説明しておこう。

オーラ・メーターは、基本的に入力変化に対して大きい時定数(編注：過渡現象において、それが続く長さの目安となる定数)が設定された、入力インピーダンス(編注：交流回路において、直流の場合の回路抵抗に相当するもの)の高い直流増幅器である。入力端子と被測定物との間の距離を一定としてゼロ点調整をし、その上で近づけたり、遠ざけたりする際に生じる電荷を測定する。興味深い現象は、近づける際に、初めプラスであった電荷が、ある距離でマイナスに転じる場合だ。こうした極性の入れ替わる点を結んでいく

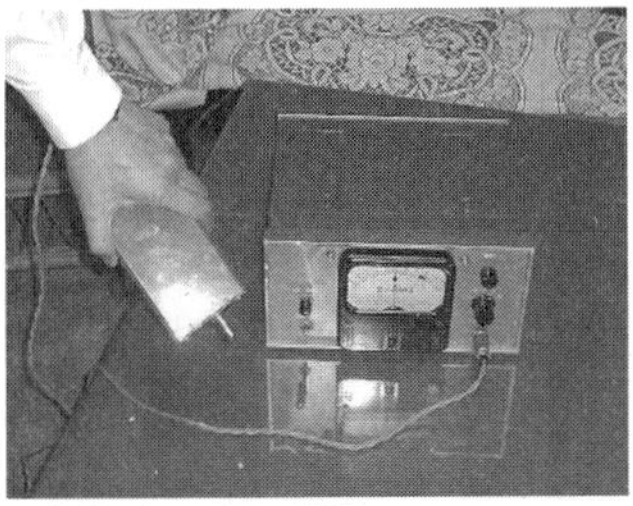
写真㉕ 内田秀男が開発したオーラ・メーター

と、人体の周りにひとつの形が浮かび上がってくる。これがその人の「オーラ」となる。

問題は被験者のオーラを測定する場合、測定者のオーラが被験者のオーラに干渉するのではないかという点だが、測定者の体から検知器までの距離を同じに保つことでその問題を解決したという。ただ、このメーターの弱点は、色がわからないことである。わかるのは、形と大きさだけ。それでも、普通では見えないオーラの形と大きさがわかるだけでもたいしたものである。


実験ではまず、私が被験者となり、内田の家人がオーラ・メーターで私のオーラの測定を試みた。測定の前に、検出器の動く方向に対応する電荷の変化を検出するため、検出器が停止した状態でゼロ点調整をして、メーターの針がプラスマイナスゼロの位置に来るようセットする。そして、測定者が私に向けて検出器を近づけると、私から一メートルぐらい離れた地点で針がマイナスの方向に大きく振れたのである。

私の回りに、目に見えないマイナスの電荷が存在するのは間違いないように思われた。あるいはその場所にそのような電荷の変化がある可能性は残っていたが、試しに私がその場所にいない場合といる場合で測定してみたところ、明らかに差異が認められた。

ただどうしたことか、私の体全体の「オーラ」を測ろうとすると、まったく反応しない方角があり、全体の「オーラ像」を測定することはできなかった。家人によると、測定するときは小さな場所ではなく講堂や会議室のような広い場所で測定しないと、うまくいかない場合があるのだという。内田秀男が測定したときは、デパートの催事場など広い場所で測定した。なおかつ、オーラの見える霊能力者にオーラの形を描いてもらい、それが測定した電荷変異の境界と一致することを確認していたという。

この実験では不十分であったため、いずれはもっと広い場所で、多くの被験者や、オーラを見ることができる人にも参加してもらって実験をすることにしようということになって、とりあえずその日の実験は終了した。

オーラを見る

内田のオーラ・メーターでも確認することができたオーラ。内田が言うように、練習次第で誰もが見ることができるようになるのだろうか。

内田のようにクンバハカを試したわけではないが、私もオーラを見る実験を何回も実施したことがある。風通しのいい海岸の芝生の上で寝転がり、特に曇り空の日に手を上にかざして、自分の手のまわりのオーラが見えるかどうか試すのである。実験はパートナーのfurafuranさんと一緒に行った。

心身ともにリラックスさせて、自分の手を上にかざして指を広げる。その際、手を直視するのではなく、指先のすぐ上か横を見るようにする。最初は見づらいかもしれないが、何分か経つうちに手のまわりに厚さ一センチほどの半透明の膜のようなものが見えてくる。ちょうど手に手袋をはめているような感じだろうか。これが最初に見える「オーラ」である。

このとき目を動かしたりすると、その半透明のオーラはすぐに消えてしまう。しかしそのまま目の緊張を解きながらボーっと見つめ続けると、半透明のオーラが突如、色を帯びて見えたりするのである。

この現象を網膜に映った光の残像ではないかと疑われる人もいるかもしれない。ところが、そうではないことがわかるのは、このオーラが自分の気の出し方によって伸びたり縮んだりすることを確認できるからである。たとえば、指先に力を入れたり、気を集中したりすると、オーラが急激に伸びるのである。網膜の残像であれば、このような伸び方はしないだろう。

また実験をする場合は、明るい日光や明るい照明は避けるのがいいようである。これはおそらく日光や照明はオーラの光よりも肉眼（物質）レベルでは強いので見づらくなるからである。やはり曇り空か、薄暗い部屋の壁などを使うのが望ましい。

オーラの色に関しては私は時々しか見られないが、私の友人やfurafuranさんは比較的簡単に色を見分けることができる。色当てクイズなどをして、お互いに色を確認し合っている。fura-furanさんや私の友達の中には、実際に「怒って頭から角のようなアンテナを立てている人」や「考え事をして頭の上に漫画のふきだしを出している人」をよく見かけるという人もいる。

私にもできるのであるから、おそらく誰もがオーラを見ることができるのではないかと思う。人によっては時間がかかるかもしれないし、すぐにできてしまう人もいるかもしれない。fura-

furanさんはオーラが見えるようになるまで実に丸一年を要したと話している。だから何カ月経っても見えないからといって悲観することはない。

オーラが本当に「市民権」を得て、だれもがオーラを読み取ることができる時代がいずれは来るだろう。いや、もうすぐそこに来ているかもしれない。もし電車の中やレストランで、あなたの頭の少し上を見て微笑んでいる人がいるとしたら、それはあなたの悩めるオーラの「ふきだし」を読んでいるのかもしれないのである。

（第8章）ストーンヘンジとピラミッド

巨石文明の謎

二〇一〇年六月、イギリス巨石めぐりの旅の途中で、スコットランドとの境近くのイングランドの農場に滞在しているとき不思議な夢を見た。朝方、起きてはいるもののまだ意識が完全に覚醒していない状態で見た「夢」であった。

その夢の中で私は、風が吹き渡る広大な草原を見ていた。草原の右手のほうを見ると、ちょっと離れた場所にストーンヘンジに似た巨石群が立っていた。

このとき私は、この草原が物質的な草原ではなく、時間の象徴としての草原、あるいは物質化した時間とも言うべきもので、時間を三次元的に表現した映像であることに気づく。どうりで草が液体のように波打っているわけだ。こうして、悠久の時間の中に巨石が立っているのだと、私は「夢」の中で理解することとなった。

そのときふと浮かんだのが、「時の楔《くさび》」という言葉であった。どうやらその夢の中の映像は、この宇宙の無限の時の流れの中で、ある時代や、あるいは歴史を固定させるために巨石を造ったのだと言っているようであった。

巨石は確かに天体観測等に使われたのかもしれないが、別の次元から見ると、無限の中にある特定の時間を刻むものが巨石なのかなとも感じられたのだった。

イギリスのストーンヘンジ、フランスのカルナック列石群、エジプトのピラミッド、マルタの巨石神殿――。今から四千~七千年前の古代において、こうした巨石文明がヨーロッパや中近東各地で開花していたのは間違いない。秋田・大湯のストーンサークルや岐阜山中に点在するドルメン、メンヒルといった巨石遺構が縄文時代に存在していたことを考慮すると、少なくとも四千~五千年前には世界規模の巨石文明ネットワークのようなものが存在したように思われてならない。

当初は古代の墓ではないかとみなされていたこうした巨石遺構ではあるが、最近の研究では、たとえばストーンヘンジなどストーンサークルは天体観測施設、ピラミッドは天体観測や太陽信仰の神殿として使われていたのではないかとの説が有力視されるようになってきた。しかし、いずれの説も現代人の私たちが、自分たちの価値基準で古代人の考えや生き方を推測しているにすぎない。

よく見受けられる価値基準のひとつが、古代人は現代人よりも遅れていたから、あるいは「野蛮人」「未開人」だから、私たちよりも進歩した科学が一つでもあってはならないという固定観念であろう。彼ら「野蛮人」は、現代人が考えるよりも遥かに優れた科学技術を持っていたなどと書こうものなら、非難の集中砲火を浴びること請け合いである。

イギリス生まれのアメリカ人天文学者ジェラルド・S・ホーキンズが一九六五年にストーンヘンジの石はどれも夏至、冬至など一年の重要な日の日の出と日没に合わせて配置されており、先史時代の天文台であると発表したときでさえ、ホーキンズは考古学界の袋叩きに遭ったのだ。その非難の嵐は、イギリスで最も名望が高い天文学者フレッド・ホイルがストーンヘンジ天文台説を擁護するまで続いた。

今では、ヨーロッパ各地の巨石群は単なる天体観測所ではなく、一種の月食予知装置であるという説も認められ始めている。同時に世界各地にある巨石遺構は、太陽、月、星を緻密に観測する施設であったとの説も脚光を浴びるようになってきたのである。

さらに深まる謎

しかし、それでもヨーロッパ各地の巨石遺構の謎が解明されたわけではなかった。これまで「野蛮な農耕民族」としかみられていなかった古代人が突如、天文学や数学の知識を持った「インテリ」に変わってしまったからだ。一体彼らはどうやってその知識を得たのか、本当にただの原始的農耕民であったのだろうか。

しかも謎はまだまだあった。なぜそれだけの知識と技術力を持っていた民族が結局、彼らの知識を伝承しないまま消え去ってしまったのか。彼らが歴史から姿を消してから約三千年もの間、まったくと言っていいほど、この巨石の古代施設を理解するものが現れなかった。このためヨーロッパでは、中世のころから「巨石には病気を治す力がある」とか「女性が巨石に触れれば子供を授かる」などの迷信がはびこり、「誤った使われ方」をするようになったのである。

そしてイギリスではつい最近まで（主に十七〜十九世紀、一部は二十世紀後半まで）、「異教徒の文化」や「野蛮人の遺産」をなぜ「文明人の我々（キリスト教徒）」が守る必要があるのかという理由で、多くの巨石がキリスト教関係者によって無残にも破壊され、教会堂建設の石材や彼らの住居に利用されてしまったのである。

自分たちには理解できない高度な知識の詰まった遺構を、野蛮だと称して破壊することほど無知な蛮行を私は知らない。

だが幸いなことに、ようやく二十世紀も後半になって、彼ら「文明人」も古代人の英知を理解できるまでに文明的になったのであろう。巨石遺構のいくつかは破壊されずに残り、一部は復元されて今日に至るのである。

驚くべき土木・測量技術

ようやく天文台、あるいは天体観測施設として認知されてきたストーンサークルなどの巨石遺構だが、私にはそれだけの目的で建造されたのではないように思われる。それはイギリス最大で、世界でも最大級のストーンサークルであるエイヴベリーの巨石遺構を見れば一目瞭然である。ストーンヘンジの最初の石柱建立とほぼ同時期の紀元前二四〇〇年ごろに造られたとされるエイヴベリーのストーンサークルとヘンジ（環状の土塁と堀）は、天体観測だけの施設とするには遥かに大きい規模であるからだ。巨大なストーンサークルはその外周のヘンジまで入れると、実に直径約四百二十メートルもある〔写真㉖〕。ここまで大きいと、天体観測には実用的とは言えなくなると同時に、巨石遺構の全体像も地上よりはむしろ空から見ないとわからなくなっているのだ。現にこの巨石遺構は、一つの村をそのまますっぽりと囲んでしまっているほど巨大なのである〔写真㉗〕。

エイヴベリーの巨石遺構の全体像を見てみよう。直径四百メートルを超えるヘンジは、かつては土塁が高さ六、七メートル、堀の深さは七〜十メートル、つまり堀の底部から土塁の上まで十七メートルあったとされている。堀の幅だけで二十一メートルもある。そのヘンジの内側には、円形の堀に沿うようにして高さ四〜五メートルの巨石が配置されている。これを大サークル（直径約三百三十二メートル）と呼び、かつては九十八個（現存するのは半分以下）の巨石が並べられていたという。巨石は重いもので六十トン以上もある。

そしてかつてはこの大サークルの内側に、二つの小さなサークル（直径百八メートルと九十八メートル）があり、さらにその小サークルの中に巨石構造物があったが、今ではまったく原形をとどめていない。過去三百年あまりの間にできた村により、ほとんどが侵食されてしまったからだ〔写真㉘〕。

この巨石文化の見本市のようなエイヴベリー巨石遺構のもう一つの特徴は、大サークルにある四カ所の入り口のうち二カ所の入り口の外に、巨石を二列連ねたアヴェニューと呼ばれる「石の並木道」が二本、二キロ以上にわたって延びていることだろうか。これらの巨大な巨石の複合的遺構を見ると、かなりの土木・測量技術を持っていたと思われるのである。

驚くべきことはもっとある。この巨大ストーンサークルのほぼ真南の二キロ離れた場所に、先史時代の遺跡としてはヨーロッパ最大の人工マウンド（小山）があるのである。シルベリー・ヒルと呼ばれるこの円錐形の小山は、エイヴベリーの土塁や堀とほぼ同時期の紀元前二六〇〇年ごろ造られたとされる。高さは約四十メートル、ほぼ完全な円形の底部の直径は百六十七メートル、頂上部分は平らで約三十メートルの幅がある。実に見事に均整のとれた小山である〔**写真㉙**〕。

写真㉖ 奥に見える土塁まで入れると直径420メートルもある。

写真㉗ 村をすっぽり包み込むように巨石が並んでいる。

写真㉘ エイヴベリーに残存する小サークルの巨石。

写真㉙ 欧州最大の人工マウンド「シルベリー・ヒル」。

この人工の小山からさらに南に一キロほど下った場所には、長塚型墳墓であるウエスト・ケネット・ロング・バローがある。墓の入り口に巨石が配置されたこの「共同墓」とされる全長百メートル超の遺構は、紀元前三五〇〇年から千年以上にわたり使われていたとみられている。

南北線上に数々の遺構が

巨大ストーンサークル、シルベリー・ヒル、ウエスト・ケネット・ロング・バロー——ほぼ同時期に造られたこの三つの施設が、相関関係にあるのは明白である。つまりエイヴベリーの遺構は、これらを含めた巨大な複合体の施設であったと考えるべきなのである。

さらに注目すべきは、これら三つの施設がほぼ南北一直線上に並んでいることである。この南北の線をさらに二十八キロほど南へと延ばしていくと、どこにぶつかるか。それこそが、白亜質の台地ソールズベリー平原に鎮座する、世界で最も有名なストーンサークルであるストーンヘンジである〔**写真㉚**〕。

これを単なる偶然の一致として片付けることができるだろうか。確かにエイヴベリーが西経一度五一分であるのに対し、ストーンヘンジは西経一度四九分であることから、完全な南北直線ではないとの指摘もできよう。

だが、私はこう考える。三十キロぐらいの距離であれば、あれほどの巨大巨石遺構を造った技術集団ならば、簡単に南北線上に施設を建造することができるのである、と。ちなみにシルベリー・ヒルの高さに注目してみよう。高さ約五十メートル。その頂上に立った人間の視達距離を計算すると、何とちょうど二十八キロ先の地平線まで見えることになる。ストーンヘンジの高さ七～十メートルを考慮すると、まったく中間に障害物がなければ、シルベリー・ヒルから南の地平線にストーンヘンジが丸見えということになる。まるで計算し尽くされたかのような位置関係ではないか。

もっとも現実問題としては、中間地点に丘や木々などの障害物があり、ストーンヘンジが見えることはない。だが、エイヴベリーとストーンヘンジを結んだ南北直線上にミルク・ヒルという標高二百九十四メートルの小高い丘があることを考えると、おそらくその場所からなら両方の巨石遺構を見ることができるのである。つまり測量することが可能なのだ。

経度のずれに関して言えば、二十八キロ離れた距離で東西約一・八キロのずれが生じている。それでも、東経一三七度一一分の羽根ラインの測量技術には遠く及ばないが、まずまずの南北線と言えるのではないだろうか。実際、測量山とみられるミルク・ヒルには、丘の斜面の表土を丹念に削り取り、白亜層の白い地肌を露出させて描いた巨大な白い馬の地上絵があるのである。そして地図を見ると、エイヴベリー周辺には、西経一度四八分から西経一度五一分まで幅

写真㉚　ソールズベリー平原に鎮座するストーンヘンジ。

三キロ弱の帯状の南北ライン上に、作製年代不明の巨大白馬がミルク・ヒルの白馬を入れて三つも描かれているのである。それらを考慮すると、エイヴベリーとストーンヘンジを結ぶ南北のラインを意識していくつもの建造物が造られた可能性は極めて高い。少なくとも、古代において巨石遺構を造った人たちは、私たちが想像できないほど巨大な、それこそ地上からではわからないような、複合建造物を造った可能性は否めないのである。

〈地上からではわからない巨大複合体〉

次にストーンヘンジを見てみよう。ストーンヘンジというと、多くの人は単独の巨石遺構と思うかもしれない。だが、エイヴベリーより遥かに小さいストーンヘンジ（直径約百十メートル）も、実は空から見ないとわからないほど巨大な複合施設の一部になっている。

ちょうどこの原稿を書いていた二〇一〇年七月二十七日、朝日新聞の朝刊にストーンヘンジについて、次のような記事が掲載されていた。ストーンヘンジから約九百メートル離れた地中に別の環状遺跡があることがわかった、というのだ。地中を探査した英バーミンガム大学を中心とする調査チームのヘンリー・チャップマン氏は「ストーンヘンジはポツンと孤立した遺跡と思われていたが、ほかにあった可能性が高まった。ストーンヘンジの役割に関する研究も進む可能性がある」と朝日新聞の取材に応えている。

孤立した遺跡ではないというのは、まさにその通りである。仮に九百メートル離れた場所に環状遺跡がなくても、ストーンヘンジが巨大な複合施設の一部であることは、現場に行けばすぐに気付くことである。というのも、ストーンヘンジから四方を見渡せば、いたるところに円墳があることを知るからである。円墳群だけではない。ストーンヘンジの北方八百メートルの場所には、最初のストーンヘンジが建造された時代（紀元前三〇〇〇年）に造られたカーサスという巨大遺構もある。カーサスは堀と土塁による周壁遺構で、ヘンジのように環状ではなく長方形になっている。しかし、ただの小さな長方形ではない。幅は百メートル、長さは何と二・七キロもある超巨大遺構なのだ。まさに大空から見た巨大滑走路のような形をしており、ストーンヘンジとエイヴベリーを結んだ南北線を垂直に交差して横切るように、ストーンヘンジの北を東西に走っているのである。

やはり同じ時代には、ストーンヘンジの北東約三キロの場所にデュリントン・ウォールという環状遺跡が造られている。巨大ヘンジとも言える環状の巨大周壁遺構で、直径四百七十メートルもある。まさにエイヴベリーのヘンジを上回る大きさである。私もこの現場を見たが、地上からでは大きすぎてわからないというのが正直な感想であった。この近くには、ウッドヘンジという、直径約五十メートルの土塁とその内側の堀に囲まれた木柱のサークルも見つかっている。このウッドヘンジも地上からではわからず、一九二五年に上空を飛んで初めて見つかったのであった。

こうした遺構はいずれも建造年代がほぼ同時期であることから、当時の古代人が一大複合体の施設として造った可能性が高いのである〔図⑩〕。

古代気球の飛行実験に成功

空から見ないとわからないほど大きな複合体の遺跡と聞いてすぐ思い浮かぶのが、南米ペルーのナスカの地上絵ではないだろうか。

ハチドリ、サル、蜘蛛、宇宙飛行士などと名付けられた、大きいもので全長百メートルを優に超す巨大な地上絵や幾何学模様が、高原のあちらこちらに描かれている。表面の黒い砂利を丹念に細い帯状に取り除き、下層の黄色っぽい白色土を露出させて描いたものだ。ナスカ文化時代のナスカ式土器に地上絵と似た図形が見つかっていることから、紀元前二世紀から六世紀にかけて描かれたとみられている〔写真㉛、㉜〕。

この地上絵は、地上を歩く人の目にはほとんど入らない。絵を観察できる高台すら近くにないのだ。そのため考古学者によって軽飛行機上から動植物の地上絵が発見され、それが発表されたのは、第二次世界大戦直前の一九三九年六月になってからだった。そして最近になって、九百キロ上空、つまり成層圏を越えた宇宙空間を飛ぶ人工衛星でしかわからない、全長五十キロの巨大で正確な直線の「矢印」が見つかり、論議を巻き起こしているのである。

なぜ、空や宇宙からでしか確認できない地上絵を二千年前の人々が描く必要があったのか。スイスのアマチュア考古学者エーリッヒ・フォン・デニケンは地球にやって来た宇宙人の仕業

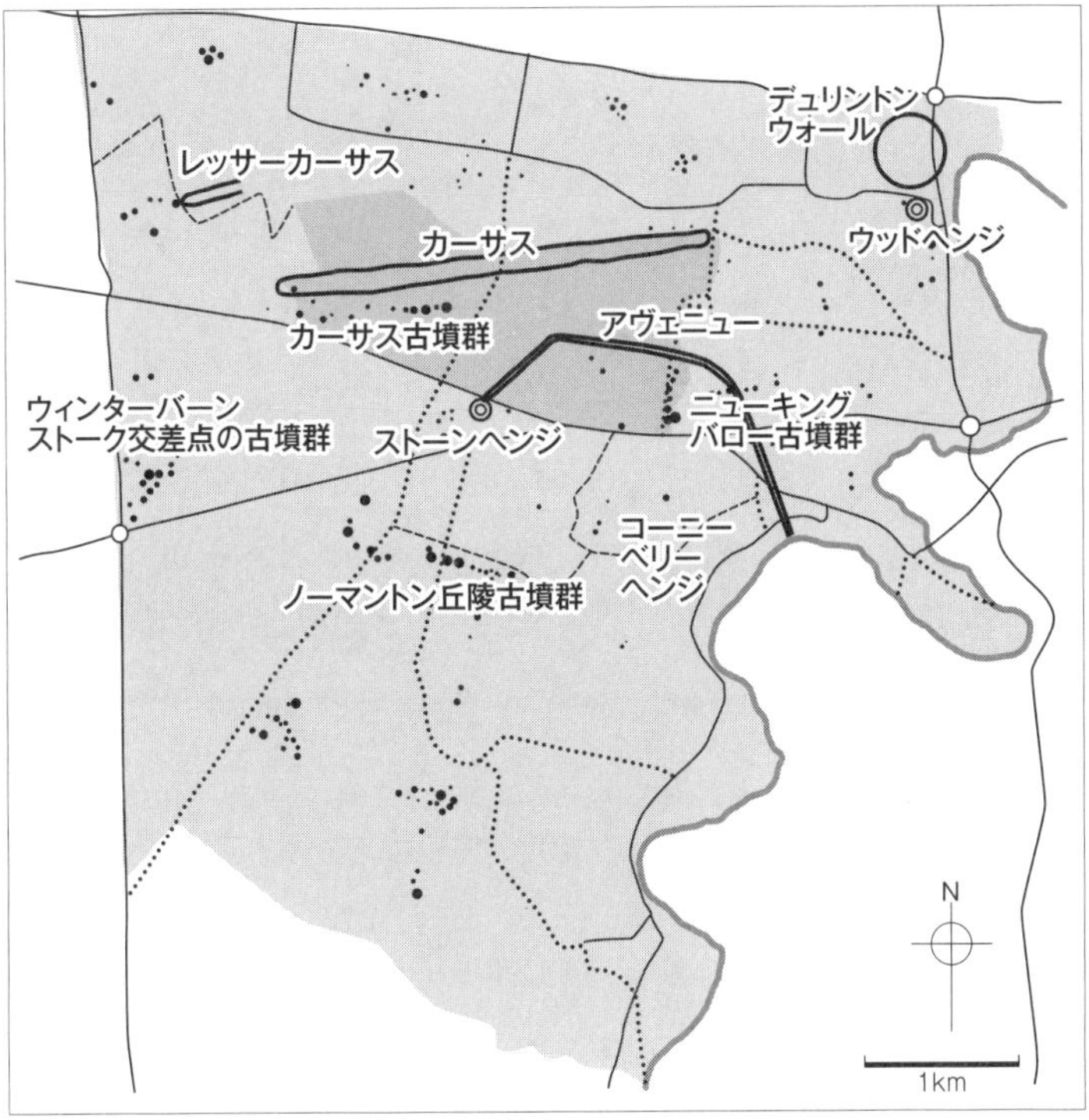

図⑩ ストーンヘンジと周辺に存在する遺跡群。

写真㉛ 「宇宙飛行士」と名付けられている地上絵。

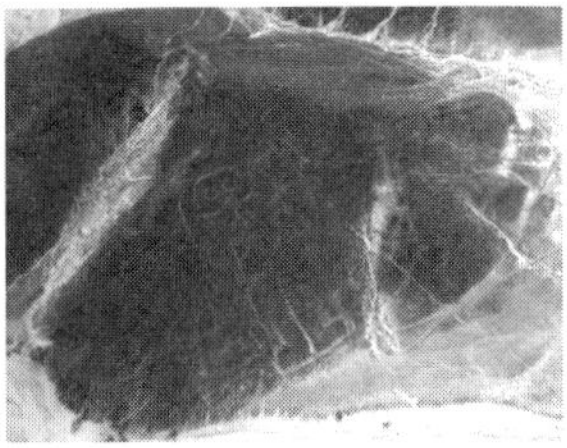

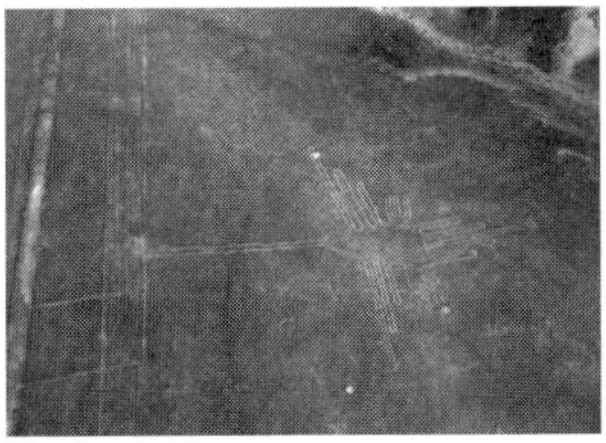

写真㉜ ナスカ高原に描かれたハチドリの地上絵。

であるとの説を唱えた。このデニケンがパイオニアとなって切り拓いた宇宙考古学という分野は、当然のことながら「有識者」から嘲笑され、蔑《さげす》まれた。しかし私は、この説もありかな、と思うのである。なぜなら、宇宙空間からしか見えない幾何学的な図形を描く理由とその卓越した測量技術の説明は、「宇宙人説」のほかに説得力のある説が見当たらないからだ。

そこまで行かなくとも、アメリカ人探検家のビル・スポーラーらは古代人が気球を飛ばせたのではないかと考えた。その根拠は、ナスカ式土器にしばしば見られる文様であった。そこには尻尾を吹き流されて空中を飛ぶ凧《たこ》か風船のような模様が描かれていたのだ。また、地上絵の近くの墓跡から大量に出土したナスカ・インディオの手織りの布は上質の織物で、現代の熱気球の素材に使われる合成繊維よりも軽く、パラシュート素材の生地よりも肌理《きめ》が細かかったという。気球説の根拠はほかにもあった。南米のインディオ部族の間で、祭りの終わりに小型の熱気球を空に上げる儀式があることや、ナスカの砂漠から、気球を上げる準備に焚いた火で黒く焼け焦げたと思われる石が見つかったからだ。

彼らは一九七五年、当時のナスカ・インディオが入手できたであろう材料だけを使って熱気球を作り、葦《あし》で編んだゴンドラにパイロット二人を乗り込ませた。素朴な作りの気球ではあったが、「コンドル1号」と名付けられたその熱気球は、ナスカ高原の上空高くに舞い上がった。実に高度百三十メートル（一説に二百五十メートル）まで上昇することに成功したのだ。

二千年前のナスカで空を飛べたのであるなら、五千年前に飛べなかったという理由が見当たらない。もしかしたら、ストーンヘンジやエイヴベリーを建造した人たちは、何らかの方法で空を飛んでいたかもしれない。あるいは、自分たちではなく、別の人たちが空からやってくるのを知っていて、その空からやってくる人たちがよく見えるようにと巨大建造物を造った可能性もあるのである。

ピラミッドはＵＦＯの停泊場だった！

なぜ私がこの空から見えるという点にこだわるかと言うと、それは私が退行催眠で見た映像や国際気能法研究所の秋山氏が前世リーディングで見た映像、それに位山でのチャネリングで知らされた「五千年前」という時代を勘案すると、今から五千年前、ちょうどイギリスのストーンヘンジやエイヴベリーのストーンサークルが建造され始めた時代に、この世界には空を飛ぶ人たちがいたのではないかと思えてならないからである。

もちろん、ストーンヘンジをはじめとする巨石群が天体観測施設であったことを否定するわけではない。地上の人間にとっては天文台であり、気球のような「天空浮船」を操る人たちにとっては、地上の目標物であったわけだ。

その考えはエジプトのピラミッドにも当てはまるのだ、と秋山氏は言う。秋山氏によると、エジプトにあるようなピラミッドは本来、ＵＦＯから見た目標物であり、停泊場であったのだという。古代から、ピラミッドの尖った先端にＵＦＯはやって来て、古代人と交流していたというのだ。「ピラミッドは宇宙人との交流の場だったんですね。その目印としてライオンを配置したのです」と秋山氏は言う。ライオンとは、ギザのピラミッドのそばに鎮座するスフィンクスのことである。

秋山氏は続けて言う。「スフィンクスはＵＦＯにとって誘導ランプのようなものでしょう。その痕跡は今でも、日本の神社の狛犬としても残っていますね。エチオピアやジャマイカでもライオンを神聖視しています。宇宙人との交流には欠かせないものだったのでしょうね」

しかしなぜ、ピラミッドの先端のように、私たち地球人から見て、不安定な場所にわざわざ停泊しなくてはならなかったのだろうか。秋山氏は言う。「山頂にとどまることで周りをよく見渡せるし、地上の人たちからもよく見えるからです」

なるほど宇宙人の技術力をもってすれば、尖った先端に停泊することなどわけのないことだったのだろう。

尖山とＵＦＯの目撃証言

この話を聞いて私がすぐに思い出したのは、北アルプスの麓、富山県立山町横江《たてやままちよこえ》にある尖山《とがりやま》（五五九メートル）であった。竹内文書で古代ピラミッド（太陽神殿）と紹介されている、まさにギザのピラミッドのような形をした山だ〔**写真㉝**〕。一九八四年、共同通信社富山支局時代に、当時の富山大学文学部の山口博教授と調査したことがある。そのとき驚いたのは、尖山周辺でのUFO目撃情報の多さであった。特に衝撃的だったのは、地元の人の次のような目撃証言であった。

「昭和五十五年（一九八〇年）二月二十一日午後八時ごろのことです。

雲ひとつない夜空に、星が鮮明にきらめいていました。富山から帰宅途中、立山町横江あたりに来ると、尖山のてっぺんにオレンジ色の光を発見、停車しました。同乗者はほかに二名いました。

尖山の頂上いっぱいに燃え上がっている炎のようにも見えました。しかし煙は立っていない。よく見ていると、「炎」が二分されたり、また元通りになったりもしていました。

近くの友人宅まで行き、その友人一家五人を案内して、再び現場に戻りました。尖山は依然、燃えています。凍てつく寒さの中で、なおも眺めていると、「炎」の中から、ちょうど電球のようなものが落下しました。「あっ」と皆が声を上げました。その球だけはオレンジ色でなく、白光色でバレーボールくらいの大きさに思えました。その玉がどこへ行ったのかまったくわかりません。

後日、尖山に登った人に尋ねると、焼けた跡は見当たらないと言

写真㉝ 日本のピラミッドではないかとされる富山の尖山。

っていました。あのオレンジ色の光、炎は何だったのでしょうか。あの日は午後十一時ごろでもまだ目撃できました。残念ながら何時に消えたのか、誰も確認していません」

これは当時五十五歳だった船尾美津子さんの証言であった。まさに尖った山の頂上に停泊するUFOの目撃証言にほかならないではないか。

尖山からほど近い立山町千寿ケ原に住む佐伯金蔵さんが見たUFOも凄いものだった。佐伯さんが夜、車を運転していたら、対向車線にまばゆいオレンジ色の光が見えた。「最初はオートバイのライトだと思ったのです」と佐伯さんは言う。ところが車のライトにしては十倍ぐらい明るい。近づくとそれは、オレンジ色というよりキラキラ輝く白光色の球体で、道路の上をくるくる回転していた。佐伯さんがさらに近づくと、何とその物体は猛スピードで上昇、夜空に消え去ったという。

「神」が降り立つ場所

このほかにも尖山周辺でのUFO目撃情報はたくさんある。もし尖山がピラミッドと同じ役割を果たしており、ピラミッドがUFOの停泊場であるならば、UFOの目撃が多いのもうなづける。

秋山氏の説明は続いた。

「日本にもピラミッドはあるのです。布施さんが登られた位山もそうですね。いわゆる神奈備《かむなび》型の山（編注：神が天から降りて来る場所として信仰された山や森）は、ほとんどがそうだと言って間違いないでしょう。静岡県の高根白山もピラミッドの本殿です。藤枝市のビク石はその拝殿になります。下田富士なんかは完全なピラミッドですね〔**写真㉞**〕。同じ下田市の寝姿山はジッグラト（編注：古代メソポタミアに特有の、階層のあるピラミッド型の宗教建造物）です」

この説を採っているのは、秋山氏だけではない。『竹内文書』の研究者であった酒井勝軍《かつとき》（一八七四〜一九四〇年）は、一九三四年に広島県庄原市の葦嶽山《あしたけやま》に登ったとき、葦嶽山の山頂に「ストーンサークル（円形磐境《いわさか》）」と磐座《いわくら》を、その近くには拝殿とみられる巨石群を発見し、日本にもピラミッドがあったと宣言した。

遠くからでも見える高く尖った山とそれを見上げる巨石の拝殿があり、その山の頂上にはストーンサークルや巨石群がある、そうした複合体がピラミッドであると酒井は主張する。

酒井や秋山氏の主張が正しいとすると、世界各地に神が降りてくる、もしくはＵＦＯが停泊しにやってくる本殿と拝殿の複合体があったことになる。

写真㉞　秋山眞人氏がピラミッドだと断言した下田富士（静岡県下田市）。

そういえば、秋田県大湯のストーンサークルとそこから見える均整の取れた黒又山《クロマンタヤマ》の関係は、エイヴベリーのストーンサークルとシルベリー・ヒルの関係に似ている。また横江の尖山と近くの台地である天林の関係は、ストーンヘンジとその北に横たわる全長二・七キロの周壁遺構カーサスの関係にそっくりのように思われる。尖ったような円錐形の山、ストーンサークル、滑走路のような台地、立石などの巨石群——いずれも空からなら形がはっきりとわかるこれらの複合的施設は、UFOの停泊に必要な要素だったのかもしれないのだ。

異次元世界の出入り口？

UFOとストーンヘンジとピラミッドに関連して、さらにユニークな意見も紹介しておこう。私のブログ仲間であるマダム白鳥さんが教えてくれた説だ。

白鳥さんには特殊なチャネリング鑑定能力がある。白鳥さんによると、鑑定をすると決めた瞬間から「異次元の窓」が開いて、鑑定対象者に関連する惑星の生命体や守護霊が現れたり、関連情報が溢れ出たりする、そしてそうした情報を鑑定対象者に伝えないと気が晴れないのだという。

私がイギリスで撮影してきたエイヴベリーやストーンヘンジの写真を見て彼女が言うには、やはりストーンヘンジはUFOの一種の基地のようなもので、UFOはピラミッドなど尖った山やストーンサークルのような巨石群の上空の「先端」を目指してやって来るようだという。

特に白鳥さんの「説明」で面白かったのは、ストーンヘンジのヒールストーンの写真〔**写真㉟**〕を見せたときだ。ヒールストーンとは、ストーンヘンジの堀と土塁による周壁の北東正面入り口のすぐ外側に立っている巨大な立石である。ストーンヘンジの中心部から観察すると、夏至の日に太陽はヒールストーンの向こう側の地平線から昇る。そして冬至の日の太陽はヒールストーンから見て、ストーンヘンジ中央にある「グレートトリリトン」という特別な組み石の間に沈んでいくのだ〔**写真㊱**〕。

そのヒールストーンの写真を見た白鳥さんは「これは日時計ですね」と事も無げに言い切った。確かにヒールストーンの傾きは、日時計のそれによく似ている。白鳥さんによると、ストーンヘンジ全体は夏至や冬至、立春や立秋を告げる巨大な年間カレンダー（暦）となっており、ヒールストーンは暦の付属物であると同時に日中は日時計の役割もしていたという。つまり時計と暦が合わさった、非常に便利な複合施設であるわけだ。

白鳥さんはさらにこう続けた。ストーンヘンジのそばにはか

写真㉟　ストーンヘンジのヒールストーンは日時計でもあった!?

写真㊱　ストーンヘンジの中央サークルにあるトリリトン。

って巫女《みこ》のような人がいて、ＵＦＯとテレパシー交信し、「ランデブー」の日時を決めて人を集めた。そのためにも日時計と暦は必要であった。そしてその決められた日時になると、村人が大勢集まり、ＵＦＯが来るのをお祭りなどをして待ったのだという。すると、秋山氏がヤビツ峠付近でやったようなＵＦＯ観測会を、古代の人々は日常茶飯事、もしくは年中行事のように実施していたことになる。

山や巨石群などのピラミッド型の尖った先端の上空にやって来たＵＦＯについて、白鳥さんはこうも言っていた。「ＵＦＯはそこからどうも別の世界へと移動していたようです。地下世界とかシャンバラ（編注：地底の国アガルタの首都）のような世界でしょうか。別の世界への出入り口みたいです」

どうやらまだまだ私たちには解明できないような秘密が、ピラミッドやストーンヘンジには隠されているようである。

イギリス巨石めぐりの旅から帰国した後のある日、私は再び巨石群に関連する「夢」を見た。それは「空の灯台」という言葉とともに、ストーンヘンジなどの巨石群を上空から見つめる映像であった。夢といっても、このときも私は半覚醒状態で、意識がまったくないわけではなかった。これまでの経験から言えば、得てしてこういう状態のときのほうが人間は真実に近づくことができるのである。

七つの海を行く船乗りに陸地の灯台が必要なように、空を翔《かけ》る天空浮船の乗組員にも地上に「空の灯台」が必要だったのだろう。彼らは天空から各地に建造された巨石の「灯台」を見つけ、方角と位置を知り、着陸に安全な場所を探したのかもしれない。巨石群の持つ未知のエネルギーが、天空浮船に何らかの影響を与えていた可能性もある。あるいは、白鳥さんが言うように、異次元世界への出入り口がそこにあるのであろうか。

〈第9章〉素粒子と異次元ワールド

タイムパラドックスの発生

私の好きな映画にクリストファー・リーヴとジェーン・シーモアが主演した『ある日どこかで』というSFロマン作品がある。観たことのない方のために、あらすじを紹介する。

新進気鋭の劇作家リチャード（クリストファー・リーヴ）は一九七二年のある日、謎の老婦人から「私の所に戻っておいで」と言われ、古い懐中時計を渡される。その八年後、彼はたまたま宿泊したホテルの壁にかかっていた、古い肖像画の貴婦人に魅せられる。調べていくうちに、その肖像画があの老婦人の若き日の姿（ジェーン・シーモア）であることを知る。だが、そのときには老婦人は亡くなっていた。

八年前に、なぜ「戻っておいで」と彼女は言ったのか。リチャードはどうしてもその貴婦人に会いたくて、恩師の科学者に時間旅行のやり方を教わる。古い時代のコインを入手して、その時代のスーツを身にまとい、老婦人にもらった懐中時計を懐に入れて、その貴婦人がいた過去の時代にいる自分を強く念じた。すると自分の周りの景色が歪みはじめ、ほどなく目指す過去へとさかのぼることができたのだった。

リチャードはいくつかの困難を乗り越えて、貴婦人と愛し合うようになる。だが、ポケットに一枚だけ残っていた「現代のコイン」を見てしまったために、懐中時計を過去に置いたまま一九八〇年に戻ってしまう。失意のリチャードは再び過去へと戻ろうとするが、何度やっても失敗。やがて食事ものどを通らなくなり、とうとう衰弱死する。

このストーリーには、タイムパラドックスが存在する。老婦人がリチャードに渡した懐中時計は、過去にタイムトラベルしたリチャードが渡したものであった。ではいったい誰が懐中時計を作ったのか。懐中時計の出どころがなくなってしまうのだ。

このようにタイムトラベルが可能になると、パラドックスが生じる。自分が生まれる前まで時間をさかのぼって親を殺した場合、自分自身が存在しなくなってしまう親殺しのパラドックス、未来を知った人がその未来が実現しないように行動するへそ曲がりのパラドックスなども生じてしまう。

このパラドックスを回避するにはどうしたらよいか、物理学者たちは苦悩した。その解決策は主に二つあるのだ、と理論物理学者ミチオ・カク氏は言う。

タイムパラドックスの解決策

タイムトラベルによって生じるパラドックスの解決策とは何か。

一つはロシア人宇宙論者イーゴリ・ノヴィコフの説。過去に戻ってパラドックスを起こそうとしても、見えざる手（まだ発見されていない物理法則）が働き、邪魔をするのだという考えだ。たとえば、天井を歩こうとしても重力の法則があるので実行できないのと同様の絶対法則が、自由意志で過去を変えようとする人の行動に働くことになる。ただ、ノヴィコフ説には大きな弱点がある。

未知の法則の働きにより自由意志で過去を変えることができなくても、未来から持ち込まれた意志をもたない無生物が〝悪さ〟をするかもしれないからだ。たとえば、戦国時代にマシンガンを持ち込むだけで、その後の歴史は大きく変わるだろう。

過去に紛れ込んだ、ほんのわずかな異物があれば、歴史は激変するという説もある。それがカオス理論でよく引用される「バタフライ効果」だ。ブラジルでチョウチョウがはばたくだけで、それまでの力のバランスが崩れ、テキサスで竜巻が発生するという。つまり地球上の天候など、ある重要な性質が決まる前に少しでも性質（天候など）を決める要素がずれると、時間の経過とともにそのずれがドンドン広がってとんでもないことを引き起こすという考えだ。この説を採ると、非常に小さな無生物を過去に送り込むだけで予想できない変化が起きて、タイムパラドックスが生じてしまう。

ノヴィコフが主張するような、パラドックスを回避するような法則があるのならば、タイムトラベル自体が不可能であるという結論に達するのである。

そこでもう一つの解決策が浮上してくる。タイムトラベルで過去にさかのぼった時点で、川の流れが二つに分かれるように時間も滑らかに二手に分かれ、二つの宇宙が存在するようになるという考えだ。この仮説であれば、自分が生まれる前の過去にさかのぼって自分の親を殺しても、その宇宙では「自分」は確かに生まれないが、元々いた宇宙では親は何事もなかったかのように存在し続ける。過去に旅立てば旅立つだけ、別の宇宙が生まれるのだ。

これがパラレルワールド理論の神髄であり、多世界理論と呼ばれる有力な宇宙論である。この理論によると、可能性のあるすべての量子論的な世界が並行して存在するのだ。量子力学の多世界解釈と宇宙論がここで合流する。すると、宇宙はすべての可能性を実現することができる壮大な実験場となるのだ。

量子論と並行宇宙

量子論では、実際にはありそうにない事象、現実離れしたとんでもない事象でも、起きる確率は必ずある。言い方を変えると、量子力学の世界では、すべての現象は確率で起きる。宇宙はすべての可能性を実現させる場であるなら、たとえ〇・〇〇一％以下の確率の現象でも実際に起きるわけだ。この宇宙における生命の誕生もそうである。コンマ以下の確率であろうと、この宇宙はいとも簡単に実現させてしまうのである。

こう考えると、私たちが普段、ありえないと思っているような奇跡の数々も、宇宙的にはありふれたものになる。たとえば、何億もの精子の中から一つの精子が一個の卵子と結合して、私たちが誕生する。もし何億もの精子のうち、「あなた」と競争していた隣の精子が卵子と結合していたら、あなたは存在せずに別の人間が生まれていた。確率からすると奇跡のような数字に思えるが、宇宙が無限の可能性を提供するなら、あなたが生まれたのは奇跡でも偶然でもない。あなたがいる世界は「あなたが選ばれた世界」だからだ。

原子よりも小さなレベルの事象を扱う量子論の世界では、電子は同時に多くの場所に存在できる。その電子がどこに存在するかを知るには波動関数を使うが、波動関数は任意の場所に電子が存在する確率を示しているにすぎない。ところが、外部の観測者が測定を行うと、波動関数はなぜか〝収縮〟し、電子が明確な状態に落ち着くことがわかってきた。

この量子論の世界が、多世界宇宙の謎を解く鍵となるのではないか、と私は考える。観測を行う前、物体はありとあらゆる状態で同時に存在する。その物体の状態を確定するには観測する必要があり、観測により波動関数は解体され、物体にはっきりとした実体をもたせる。これはニールス・ボーアをはじめとするコペンハーゲン学派の仮定である。

この世界は、あなたが〝観測〟することによって生まれた世界であるかもしれないのだ。あなたが観測しなければ、宇宙はただ無限の可能性を提供するだけである。その中で、あなたの意識が任意の世界に集中することにより世界が明確に存在するようになる。だとすると、あなたの意識を別の宇宙に集中すれば、並行して存在する宇宙が明確に存在するようになるかもしれないのだ。

同時に何カ所にも存在する電子と意識

「私」という意識と電子は似たもの同士かもしれない、と私は考える。同時に何カ所にも存在しているからだ。まさか「私」という意識は今ここにある一つではないか、と疑問に思う方もいるだろう。だがどうも、私たちの意識は同時に何カ所にも存在しているのではないかと思えてならない。

その根拠の一つは、私自身の経験による。既に第5章の「前世の記憶と転生のシステム②」で述べたが、経験的に現在の私の意識は、未来の私の意識と共鳴することがあることを知っているからだ。国際気能法研究所の秋山氏は、自分が同時に三カ所に存在する体験をしたことがある、と話している。また、拙著『不思議な世界の歩き方』でも紹介したが、探険家の西丸震哉氏は「過去の自分」と対面し、しかも過去の世界へのタイムトラベルにも成功しているという。私たちの意識は、ある種の波動のように過去、現在、未来を含む無数の異なる次元世界に同時に存在する。そして、電子と同じように「観察者」としての意識が、波動関数を収縮させ(すなわち数多くある、あるいは無限の可能性の中から一つの世界を選び出し)、存在が確定するのである。

これはそれほど突飛な考えでもない。理論物理学者のミチオ・カク氏は『パラレルワールド』(NHK出版)の中で次のように述べている。

「電子が存在と非存在のあいだを漂う並列的な状態でいられるのなら、宇宙もそうなれるのではないか？　なにしろ一時は宇宙も電子より小さかったのだから。宇宙に量子論の原理が当てはまる可能性を認めると、並行宇宙を考えざるをえなくなる」

電子と宇宙がそうならば、意識だって「並行意識」があるべきではないか。私たちの意識は、考えられるすべての世界の中に存在している可能性すらあるのだ。

それはたとえれば、睡蓮のような世界であるかもしれない。一枚一枚の花弁が宇宙で、まさに多世界構造になっている。花の意識はそれぞれの花弁に満ちている。その一枚の花弁に意識を集中すると、それが今ある世界になるのだ。こう考えると、隣の睡蓮は別の多宇宙の塊になる。多宇宙の塊から別の多宇宙の塊へと睡蓮の意識を移すこともできるかもしれない。睡蓮の意識の集合体（睡蓮の精）がある可能性すらあるのだ。

すると、多宇宙の塊がある池は何なのだろうか。さらには、睡蓮の池がある公園は？　宇宙はこのように際限なく広がっていく構造になっているのか。それとも、再び極小へとつながるメビウスの輪？　まったく謎だらけではある。

波動、ひも理論、そしてM理論へ

ここで少し論点を整理してみよう。

タイムトラベルが可能だとしたら、タイムパラドックスのジレンマに陥る。パラドックスを解消するためには、タイムトラベル自体が不可能であるか、あるいは並行宇宙を考えざるをえなくなる。

前者の場合は、時間は過去から未来へと流れる一本の川となる。過去は既に決定された事柄であり、未来に起こる出来事もすべて原理上決定できる。これはいわゆる決定論といわれているもので、アインシュタインもニュートンもこの決定論を支持していたという。

これに対して後者は、時間はもはや過去から未来へと流れる一本の川ではなく、過去と未来と現在が同時に進行しながら、別の宇宙（並行宇宙）がいくつも存在することになる。つまり、考えられるすべての世界が私たちと共存しているのである。

私自身の経験や、西丸震哉氏、秋山眞人氏の体験談などから、私は後者の立場をとっている。普段、私たちの部屋にあふれかえっている別世界（並行宇宙）は見えない。おそらくは干渉を打ち消す「周波数帯域」のようなものをお互いが持っているのであろう。ところが何かの拍子で、それぞれの世界がもつ波動のようなものが共鳴を起こしたり、同調したりすることにより、別世界の扉が開かれるのだ。

そう考えると、宇宙の本質は波動であるのではないかとも思われてくる。ミチオ・カク氏は宇宙を音楽にたとえる。カク氏の支持する「ひも理論」によると、超高性能の顕微鏡で電子の真ん中を覗くことができれば、そこには点状粒子ではなく、振動するひもが見えるはずだという。このひもを弾《はじ》くと、振動が変化し、電子がニュートリノになったり、もう一度弾くと今度はクォークになったり、弾き方次第でどんな素粒子にでもなれる。各粒子は超ひもで奏でられる別々の「音」にすぎず、宇宙のあらゆる微小の粒子は、ひもの様々な振動にすぎない。そしてひもの「和音」が物理法則になるのだという。

実に面白い宇宙論である。しかし、このひも理論を凌駕《りょうが》するかもしれないといわれているのが「M理論」だ。この理論については、もう少し後で説明することにする。

双子の魂と量子テレポーテーション

この宇宙にはあなたと双子の魂が必ずいる――エンリケ・バリオスの『宇宙人アミ』（徳間書店）では、この宇宙的な双子の愛が一つのテーマになっている。ところが、このようにロマンチックな話は、SF作家や劇作家の専売特許ではないようだ。多くの物理学者が何万光年と離れた「双子の愛」について、真剣に研究を進めているからだ。

私たちの体の原子は、何光年も離れた原子と量子論的に絡み合っているのだと物理学者は言う。たとえば、何らかの爆発が起きて、二個の電子が反対方向に高速に近い速度で飛んでいったとする。二個の電子はコマのように回っていて、片方の電子の回転が上向きなら、もう片方の電子の回転は下向きになる相関があると考える。

爆発から何年か経つと、二個の電子は何光年も離れている。そこで片方の電子の回転を調べると、何光年も離れたもう一つの電子の状態が即座にわかってしまう。つまり情報が光より速く伝わるのである。

この考えを確かめる実験が、量子テレポーテーションの実験であった。絡み合う関係にある量子が二つある。ここで片方の量子Aにテレポートされる物体Cと接触させる。AはCをスキャンして、Cの情報を取り込む。すると、その情報はAとペアをなすBに即座に伝わるのである（見かけ上はCが、Aのある場所からBのある場所にテレポートしたことになる）。この実験は二〇〇三年にスイスの科学者が光子（光の量子）レベルで成功、二〇〇四年にはアメリカの研究所のチームが原子レベルでも成功したのだという。

このように、二つの量子AとBは遠く離れていても「相手の気持ちがわかる恋人」であることがわかったのである。ミチオ・カク氏は言う。「宇宙のすべての物質はビッグバンという一度の爆発で生まれたのだから、ある意味でわれわれの体の原子は、宇宙の反対側にある原子と、なんらかの量子論的ネットワークのなかで結びついている。からみ合った粒子はどこか双子にも似ており、何光年も伸びうるへその緒（両者の波動関数）で今もつながっている。片方に起きた事象は自動的にもう片方に影響を与えるので、ひとつの粒子のことがわかると、ペアをなすもうひとつの粒子のことも即座にわかる。からみ合うペアは、互いに非常に遠く離れている場合ですら、あたかも一個の物体のように振舞う」のだ。

量子に双子があるならば、私たちの魂もまたそうである可能性がある。すると、広大な宇宙のどこかに、あなたがまだ見ぬ「双子の魂」が存在しているかもしれない。そしてもしかしたら、どんなに離れていようとも、体験を共有したり、テレパシーで相手の気持ちを感じ取ったりすることができるかもしれないのだ。

魂の双子と陰陽思想と素粒子

同様にして、ひも理論を紐解いていくと、精神世界でよく言う「ツインソウル（双子の魂）」ともいえるペアが出てくる。そうなると、近年の物理学は東洋の哲学や、それこそ異次元ワールドに限りなく近づいてきているように思えてくる。

東洋哲学で言えば、古代中国の陰陽の思想にも「双子の魂」が登場する。双子といっても瓜二つの双子という意味でなく、森羅万象、宇宙のありとあらゆる事物は陰と陽の二つに分類できるという陰陽思想である。陰と陽は互いに対立する属性をもった二つの気であり、万物の生成消滅といった変化はこの二つの気によって起こるのだそうだ。

陰陽の思想ほど強烈ではないが、ひも理論の宇宙論ではすべての素粒子に超対称性をもったパートナーが存在すると考える。そのほうが宇宙は限りなくエレガントで美しくなるからだ。物理学者はそのペアをフェルミオンとボソンと名づけた。

その分類の仕方はこうである。宇宙のすべての粒子は、さまざまな速さで回転（スピン）するコマにたとえられる。スピン1をもつ光子や、スピン2をもつグラビトン（重力子＝存在が推定されているだけ）など整数のスピンをもつ素粒子をボソンとした。これに対し、物質の粒子である陽子、電子、中性子、クォークのように、半整数（½、⅔、¾など）のスピンをもつ素粒子をフェルミオンとした。

この理論によれば、どのフェルミオンもどれかのボソンとペアになっている。それはスピンが〇になるペアで、それぞれの粒子の前に「ス（S）」をつける。たとえば、電子のパートナーは「ス電子」と呼ぶ。このように、すべての粒子に対し、ス粒子というパートナーが存在することになるのだが、それらはまだ観測されていない。いまのところ、あくまでも理論上の話だ。ただしこの仮説が正しければ、宇宙のすべての粒子をひとつに統合できるのである。

隣の暗黒物質を探せ

現代の物理学者は、人生でまだ恋人にめぐり合えていない人の気持ちを身近に感じるにちがいない。超対称性理論によると、すべての素粒子にはまだ見ぬ宇宙の恋人（パートナー）がいるが、物理学者がいま心血を注いでいるのはこの恋人を探し出すことにほかならないからだ。そのまだ見つかっていない恋人の一人がダークマター（暗黒物質）である。光子、ヒッグス粒子などのパートナーではないかと考えられている。

ダークマターなどと言うと、私はすぐに映画『スターウォーズ』のダークフォースを想像してしまうが、実はこの物質、宇宙の約二三%を支配している正体不明の物質だという。まえがきで述べたように銀河の渦の外側の回転速度が内側の回転速度と同じであることから（本来なら外側へ行くほど回転速度が遅くなる）、光で見えない物質が銀河の端まで満ちているはずだとしてダークマターの存在が考えられるようになった。そして、この目に見えない物質を通過する星の光の歪み方を測ることにより、その存在を観測することができるのである。

現在この物質の候補として、光子のペアとされるフォティーノや、ヒッグス粒子のペアとされるヒックシーノなど未だ検出されていない素粒子（ニュートラリーノと呼ばれる粒子の一群）が挙がっている。それにニュートリノ、アキシオンといった素粒子も有力候補になっている。

この恋人探しの試みとして、日本では岐阜県の神岡宇宙素粒子研究施設で検出実験が行われていることは周知の事実である。ダークマターはとにかく宇宙に満ちていると推測されるわけだから、宇宙の冷たい真空の空間だけに存在するとはかぎらない。あなたのすぐそばにも存在している可能性は高い。今朝交差点ですれ違った人が、運命の恋人やツインソウルかもしれないわけだ。あとは運命的な出会いを祈るばかりということだろうか。

ダークマターと並行宇宙

科学者にとって、まだ見ぬ〝恋人〟であるダークマター（暗黒物質）。そのダークマターこそ、並行宇宙の存在を証明する可能性を秘めていることは既に紹介した通りだ。

そもそもダークマターは、この宇宙において電磁波で観測できる天体や星間物質以外に、その全質量の一〇～一〇〇倍もの未知の物質がないと説明できない状況にあることから考え出された、正体不明の物質であるわけだ。質量はあるが、電磁波を出していないので観測できないと考えられているのだ。

ところが最新の理論のひとつに、もしかしたらその質量は並行宇宙からやってきているのではないか、という仮説がある。その説によると、私たちとは別の次元の宇宙が、私たちの宇宙のすぐ上（たとえば一ミリメートルの距離）に浮かんでいるのだという。

この二つの宇宙は別の次元にあるので、原子が行き交うことはできないし、お互いの姿も見えない。だが重力は、外に漏れ出てお互いに影響を与えてしまうのだという。つまり、その並行宇宙にあるどんな銀河も私たちには見えないが、重力は超空間の湾曲によって生じるので、並行宇宙の間を飛び越えられる。私たちの銀河のすぐ後ろに別の銀河が隠れ、私たちの銀河の質量にも影響を与えていると考えられるのだ。

ただし今のところ、これはあくまでも一部の物理学者の推論にすぎない。だが、この一ミリ離れた目と鼻の先に並行宇宙があり、私たちの宇宙に少なからぬ影響を与えているのだという考えは、多大なインスピレーションを私たちにもたらすのである。

目と鼻の先にある別世界

一ミリメートル先にあるという並行宇宙には思い当たる節がある。

拙著『不思議な世界の歩き方』でも紹介したが、まぶたを閉じるとまぶたの裏側に無数の粒子が私には見える。それがそのまま平行宇宙だとは考えていないが、その感覚が、ちょうど一ミリメートル先に浮かぶ並行宇宙のように思えるのだ。

その無数の粒子は、二次元世界に浮かぶ粒子である。私たちが住む三次元世界とは明らかに異なり、奥行きはまったくない。だから正確に言うと、球状の粒子でなく厚みのまったくない丸い粒だ。大きさは一ミリより小さく、私の視界で捉えられる範囲で一万個以上は浮かんでいるように思える。

一万個の粒子の一つ一つはどの粒子からも等間隔（およそ粒子一個分）で離れており、一糸乱れぬ動きで二次元世界（つまり平面上）を右や左、上や下、斜め右下や斜め左下などへ流れている。その動きは群れで動く小魚のようで、完全にシンクロしている。方向を変えるとき一瞬止まるが、すぐに動き出す。方向を変えるまでの時間は二〜五秒ほどだ。スピードの強弱があり、速く動くときは赤く、それ以外は青く光っているように見える。

当初は眼球の中の細胞や毛細血管内の白血球が粒子のように見えるのかとも考えたが、視界の端を見ると、その境界（視界）を越えて粒子はどこかへ行ってしまうので、どうやら眼球の中の世界ではないようである。とすると、まさに私の目で見る三次元世界から一ミリ離れた空間に浮かぶ二次元世界のように思えるのだ。

一万個以上の粒子が間断なく目の前を動き回っていては邪魔でしょうがないだろう、と見えない人には思えるだろうが、普段はまったく邪魔にならない。まぶたの裏側に意識を集中しない限り、その粒子群をはっきり見ることができないからだ。ところで、まぶたの裏側に見えるというのはそのぐらいの距離に見えるという比喩で、目を開けていても意識を自分から一ミリ先の空間に向けるだけで、その粒子群を簡単に見ることができる。この粒子群が浮かぶ二次元世界はまさに、目と鼻の先にある別次元の世界（あるいは並行宇宙）という表現が一番適しているように思うのである。

〈二次元の粒子群とM理論〉

一次元世界と二次元世界には生物が住むことができないだろうといわれている。確かに私が見る二次元世界の粒子群は生物のようには見えない。ただ、あれだけ動き回っているのだから、エネルギーをもっているのだろう。粒子同士の間隔が一定であることから、何らかの斥力《せきりょく》や引力が働いているのかもしれない。ならば質量もあるのだろう。

観察を続けると、二次元世界の粒子群は何が楽しくて自分たちの世界を行ったり来たりしているのだろうと不思議に思う。どんな意図があって動くのか。おそらく別の次元に住む観察者から私たちの三次元世界を見ると、同じように何をちょこまかと三次元世界を動き回っているのだろうと思うのかもしれない。

面白いのは、この粒子群が一枚の膜に浮かんでいるように見えることだ。これはひも理論の進化形ともいえる「M理論」に通じるものがある。

M理論は、一見矛盾する相対性理論と量子論を統一できるのではないかと期待されている最新のひも理論だ。一次元のひもを「1ブレーン（膜）」、N次元を「Nブレーン」とし、2ブレーンと5ブレーンが存在できる十一次元の超空間において適用できる理論だという。これでは何のことかわからないが、M理論の特徴は簡単に言うと、私たちの宇宙全体を、もっと大きな宇宙に浮かんでいる膜と見ることができる点である。つまり、全宇宙が膜であるとする理論であるわけだ。

私が観察する二次元世界の粒子群も、すべてが同じ方向に瞬時に動くので、粒子が浮かぶ膜そのものが動いているように見える。おそらく十一次元から十次元の宇宙を観察したり、五次元宇宙から私たちのいる三次元世界を見たりすると、膜の中で蠢《うごめ》く粒子群に見えるのではないだろうか。

次元の巻き上げとホログラフィック宇宙

ひも理論とその最新の形態であるM理論の登場により、私たちの世界より高次の世界が存在する可能性が高まってきた。これまでSFの世界だけの話と考えられてきた超空間の概念や、私たちの頭上に浮かぶ並行宇宙の存在がにわかに現実味を帯びてきたわけだ。

ではなぜ、そんなにも近くにありながら見ることができないのか。物理学者らは考えた。そうした高次元の世界は小さすぎて自然界では観測できないのではないか、と。たとえば第五の次元は、原子より小さな円の中に巻き上げられており、あまりにも小さくて実験でも観測できないというのだ。

ひも理論によれば、宇宙は当初十次元で、すべての力がひもで統合されていた。だが、十次元の空間は非常に不安定で、このうち六つの次元が小さな玉に巻き上げられ、残りの四つの次元がビッグバンで広がり始めたのだという。巻き上げられた次元は原子よりはるかに小さく、私たちは見ることができない。

このように別の次元が巻き上げられてひとつの小さな玉になるという最新の宇宙理論は、オーブを思い起こさせる。オーブの存在は科学的に証明されたとはいえないが、オーブという小さな光の玉には、異次元世界が巻き上げられているようにも思える。少なくとも、オーブには異次元の情報がたたみ込まれているのではないだろうか。

そう考えていくと、もしかしたら三次元世界もどこかにたたみ込まれていることになる。つまり、三次元のイメージを再現するのに必要な全情報が二次元の面にコード化されてたたみ込まれている可能性もある。すると私たちは、ホログラムの中に住んでいるかもしれないのだ。

このホログラム形態の宇宙のことを、ホログラフィック宇宙という。宇宙はホログラムなのか。私たちは実際にホログラムとして存在しているのだろうか。

ブラックホールとアカシックレコード

ホログラフィック宇宙が考えられるようになったのは、実はブラックホールの研究からであった。

ブラックホールには、そこより内側に入ってしまうとすべてのものが脱出できなくなる領域の境界面である「事象の地平線」がある。最近の研究では、この事象の地平線（球面）の表面積とブラックホールの全情報量は比例するという説が有力になっている。

これは面白い説であった。物体に収められた情報量が体積ではなく、表面積に比例するというのだから。すると、事象の地平線の球面を微小なマス目に分割した場合、このマス目ひとつが情報の最小単位であるビットとみなすことができる。面に情報がたたみ込まれるのであれば、この三次元世界の全情報を二次元の面にたたみ込むことができるのではないか、と考えられるわけである。

これがホログラフィックな世界である。簡単に言えば、複雑な三次元世界の全情報を、鏡という二次元の表面に完全に投影することができる。そして鏡に投影された情報さえあれば、三次元世界を完璧に再生したり、再現したりすることができるのかもしれないわけだ。

もしかしたら、宇宙の最小単位はただの素粒子ではなく、情報である可能性も浮上してくる。おそらくこの宇宙にあるとされるアカシックレコードも、同様なシステムで全宇宙のすべての情報がたたみ込まれているのだろう。私たちは宇宙の記録装置に収められているビットにすぎないのかもしれない。

干渉し合う世界と収束される世界

このようにみていくと、素粒子の世界と異次元世界の間には数々の類似性があることがわかってくるのである。私は未来も過去も、大きな流れは大体決まっているが、現在よりも時間的に遠く離れれば離れるほど変動幅も大きくなるのではないかと考えている。つまり遠い過去や未来になるほど、まるで時間が振動しているかのようにぶれる。七〇％の確率で起こる未来(あるいは過去)と二〇％の確率で起こる未来(過去)といったように、複数の未来や過去が同時に存在するのである。

既に述べたが、これは、並行宇宙論で紹介した量子力学の考え方と非常によく似ている。量子力学では、複数の世界が干渉し合いながら共存し、同時進行していると考える。そして、その根幹には、どんなに現実離れしている事象でも、起きる確率が必ず存在するとの考えがあるのである。

たとえば、板に小さなスリット(細い隙間)を上下並行に二つ開け、電子を一個ずつそのスリットに打ち込む。すると電子は、単純に二つの可能性を足したことにならないような分布を示す。上のスリットを通った世界と下のスリットを通った世界が同時に存在し、互いに干渉し合っている波動のような分布を示すのである。

ところがスリットの近くに測定器を設置し、電子が上と下のスリットのどちらを通ったかを観測すると、それまで干渉し合うように分布していた電子が、上か下かのどちらかひとつを通ったかのような分布を示すのである。

　これはすごい現象である。観測していないときは、電子が上のスリットを通った世界と下のスリットを通った世界が同時に存在して干渉し合っているのに、観測を始めると、上のスリットを通った世界と下のスリットを通った世界のどちらかひとつだけが選択されるのだ。観測する前には存在していた世界が、観測後には私たちの住む世界とは別の世界、パラレルワールドへと分岐してしまったと考えられるのである。

　古代史や過去も同様なのではないか、と私は考える。現在私たちがいる世界は、複数の未来と複数の過去が同時に存在して干渉し合っている世界なのである。ところが観測者が観測（意識）を始めると、そのうちのひとつの世界（未来及び過去）が選択される。私が退行催眠で見たビジョンはひとつの過去の世界が選択されたに過ぎない。同様に秋山氏が見た私の過去生もまた、ひとつの世界が選択された結果となる。どちらも観測前には同時に存在した過去。観測（退行催眠および透視）することにより、どちらかひとつの過去に収束されたわけだ。

　もしそうならば、次のことが言えるのではないかと思う。意識（観測）をしなければ、過去はいたるところに複数存在する。ところが人間が、意識と目的を持って観測を始めると、ひとつの過去に収束するのである。この意識（観測）こそ、世界を決定する最大の要因となる。意識は今ここにあり、すべての世界を創り出す。意識は宇宙のすべてであった、と。

地球の周りの交錯した異次元宇宙

ニュートンは地球を含む天体を動かす力の法則を明らかにした。その法則の中では時間は絶対のものであり、空間も一様の尺度で規定できた。だがアインシュタインは、その時間も空間も一様ではなく、伸びたり縮んだり曲がったりすることを明らかにした。さらに量子論の登場で、その宇宙そのものがひとつではなく、同時にいくつも存在するのではないかと考えられるようになった。

私たちの一ミリしか離れていないところに別の宇宙が存在するかもしれないのだ。現在、地球上の科学者たちはこぞって、私たちの頭上に浮かぶであろう並行宇宙の存在を検知しようと躍起になっている。

やがて並行宇宙の存在を証明するような物質が見つかるかもしれない。そうなれば、宇宙の姿をどうやって表せばいいのだろう。

そこで思い当たったのが一枚のスケッチであった。二十年以上前（一九八七年）の話である。そのチャネラーは次のような絵（図⑪）を私に見せてくれた。「地球の周りの交錯した次元宇宙」と、そこには書かれていた。それぞれの面に描かれている点はそれぞれ

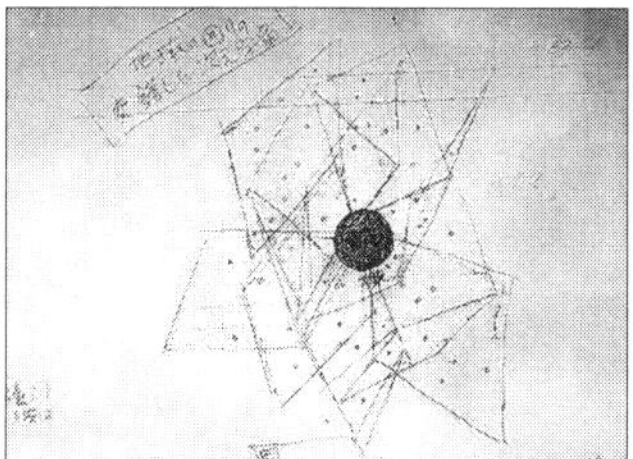

図⑪「地球の周りの交錯した次元宇宙」。

の宇宙にある星々で、多宇宙構造になっているのだという。

当時の科学界では、多宇宙理論はＳＦの産物に過ぎなかった。当然、当時の私も、地球の周りにいくつもの異なる次元宇宙があるなどという考えには驚くばかりであった。これを描いたチャネラーは、実際にこういうビジョンを見て（絵に描くのはほとんど不可能なほど複雑だったが）できるだけそのまま描いた、これが地球を取り巻く宇宙の姿だと主張していた。

半信半疑のまま二十年以上が過ぎた。現代の理論物理学者は、もしかしたら私たちの頭上一ミリ離れたところに別の宇宙があると考えるようになったのだ。

ミチオ・カク氏は言う。

「……そして今、マルチバース（編注：多宇宙）の概念が『宇宙（ユニバース）』という言葉自体を廃れさせてしまう新たなパラダイムシフトをもたらしている。マルチバースの場合、舞台は並行に層をなし、あいだを落とし戸や秘密のトンネルがつないでいる」（『パラレルワールド』ＮＨＫ出版）

つまり、チャネラーが二十年前に描いた宇宙の姿がまさに現実味を帯びてきたわけだ。しかも量子論的解釈で宇宙を見ると、観察（観測）者が存在を決定するのではないかとも考えられてきた。宇宙は意識と情報に支配され、意識は存在を決定する支配的な力となる。観察者にはそれを観察するものがおり、その無限の連鎖の果てには宇宙を観察（観測）する「神」がいて宇宙が存在するかもしれないのだという。

科学はまさに神に近づきつつあるのだろうか。

現れた異次元ワールド

カク氏が言うように、一つの宇宙と別の宇宙をつなぐ「落とし戸」や「秘密のトンネル」などあるのだろうか。

多くの理論物理学者は、ブラックホールがそのトンネルの入り口になりうるのではないかと考えている。そしてブラックホールさえ通り抜けることができれば、ホワイトホールから別の時間軸の宇宙や別の次元の宇宙へ飛び出すことができるのではないか、と。このように一つの宇宙と別の宇宙をつなぐ抜け道を、時空の虫食い穴という意味で「ワームホール」と呼んでいる。ただし、ブラックホールとホワイトホールを結ぶワームホールは一方通行でしかない。では、どちら側からも入ったり出たりできる双方向のワームホールは存在しないのだろうか。残念ながら、今のところそのようなホールは見つかっていない。

しかし「秘密のトンネル」は、予期せぬときに突然現れることもあるようだ。明らかにこの宇宙のものではない「もの」が出現するときがある。たとえば次のようなものだ（図⑫）。

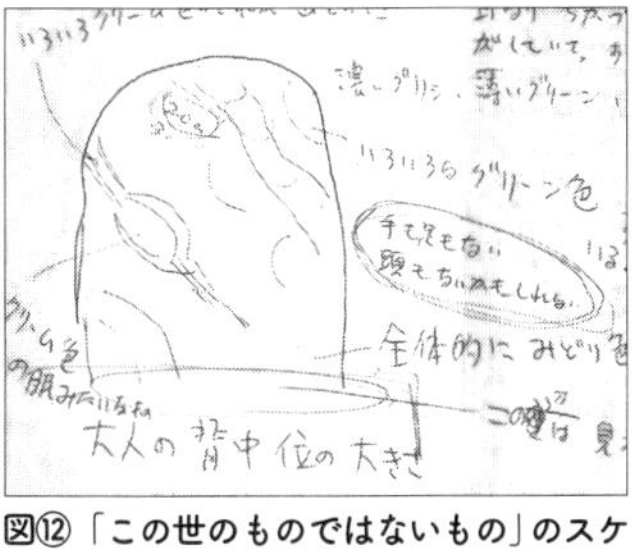

図⑫「この世のものではないもの」のスケッチ。

これを目撃した人は、この世のものではなかったと断言する。いったいこれは何なのか。

その「この世のものでないもの」を目撃したのは、実は私の兄であった。時期は二〇〇五年の三月か四月ごろで、場所は東京都杉並区のある神社。時間は午後二時か三時ごろだったという。

兄は娘と神社境内のお稲荷さんが祀《まつ》られている祠《ほこら》に向かって歩いていた。するとその祠の脇に、大人の背中ぐらいの大きさで、緑色の妙な姿のものがあることに気がついた。兄は最初、緑色のジャンパーを着た人が向こう向きにしゃがんでいるのかと思ったという。ところがよくよく観察すると、頭も手も足もない。

そして何よりも驚いたのは、その物体の色とデザインであった。兄によると、それはこれまでに見たこともないような、人間では考え付かないような色の組み合わせであったという。緑の色は濃いグリーン、薄いグリーンなど十五~二十色のバリエーションがあり、一カ所クリーム色の線が浮き出ていて、それが目のような形をしていた。この物体を認めると同時に気圧が変わったのか耳鳴りがして、すごい存在感（何かエネルギーを出しているような感じ）を感じたという。

兄の娘もその存在にすぐに気づき、「何かいるね」と兄に言った。とにかく兄はその存在感に圧倒され、娘を連れて近づいてはいけないと強く感じたので、すぐに道を引き返したという。つまり兄はその異様な雰囲気に怖気づいて、娘を連れてその場をすぐに立ち去ったわけだ。以来、一度もその神社を訪れたことはないという。

異次元とこの世をつなぐ「ポット」

面白いのは、兄が幽霊や超常現象の存在にいつも懐疑的であったことだ。以前、母が幽霊を見たと言っても真に受けなかったし、誰かがUFOを見たと言っても目の錯覚であると片付けるタイプでもある。ところが今回の目撃に関しては、絶対に「この世のものではなかった」と断言する。それは「生まれて初めて」の経験であったという。

私はその話を最初に聞いたとき、幽霊を見たのではないかと思ったが、兄は「幽霊ではなかった。この世のものではないものだ」と譲らない。幽霊ではないというのだから、幽霊ではないのだろう。ではこの世のものではないものとは何か?

私には思い当たる現象も知識もなかったので、では「専門家」に聞いてみようということになった。もちろんその頼りになる専門家とは秋山氏のことである。

私は兄が描いた「この世のものではないもの」のスケッチを見せて、私からは何の説明も加えずに「これは何だかわかりますか」とたずねた。

秋山氏はしばらくその紙を見つめていたが、やがて口を開いた。

「私も見たことがあります」

秋山氏の答えは意外であった。「この世のものではないもの」なのだから、まさか見たことがあると答えるとは私は予想もしていなかった。「えっ、見たことがあるんですか」と、私は思わず聞いた。

「ええ。英語ではベルと言われているものだと思います。顔も手も足もない。だけど人型（ひとがた）のものですよね。異次元ポットとも呼んでいます」

「異次元ポット？」。初めて聞く名前だった。

「深鍋（ポット）のような形をしているからです。そこから妖精のようなものが出てきたりするんです」

妖精!?　すると異次元とこの世界をつなぐ出入り口のようなものなのだろうか。

「そんなものが時々、この世界に出現したりするんですか？」

「ある種の教育用だと思います」

「教育用!?」——。秋山氏と話をしていると、驚かされることばかりだ。教育用とはどういうことなのか。

「宇宙人がある種のビジョンを見せることがあるんです。顔も手も足もないものを見せたときに、その人がどのような反応をするか見てみたのではないでしょうか。その反応によって、どのようにコンタクトすればよいか試すのです。宇宙人との初期のコンタクトで、そうしたことが起こるのではないかと思います。私もそうでした」

「秋山氏が実際に見たときのことを話してください」

「宇宙人とのコンタクトが始まった十代のころの話です。自宅二階の自分の部屋にいると、すぐそばに緑色のビニールのような物体が突然現れたのです。ブ～ンとうるさい音を出していました。それで私はそのとき（宇宙人に）言ったんです。下には家族がいるから、そんな音を立てたら迷惑なので静かにしてくださいって。すると音は止まりました。それでゆっくり観察したんです。そのときそれが、宇宙人が私に見せた教材であることがわかりました。まさにこんな形をしていましたよ」と秋山氏は言うと、兄が書いたスケッチを私に返した。

「本当に宇宙人の教材だったんでしょうかね」と、私は信じられないという思いから聞いた。

「だと思いますよ。たとえば、この異次元ベルを見た前後、空を見ていてＵＦＯが現われたりすれば確実だと思うんですが。ただし、神社で見ているということから、別の目的があった可能性もあります」

「そうですか。では今度兄に会ったら聞いてみます」

秋山氏との「この世のものではないもの」に関する話はここまでである。

後日、兄とニュージーランドから一時帰国していた姉と私の三人で、新宿で食事をすることになった。私はその席で、秋山氏が語った内容について説明した。当然、私の兄はそのような話を信じるわけもなかった。ところが、「決め手は空に何か見なかったかどうかだ」と私が言った途端に、兄は急に思い出したかのように、しゃべりはじめた。

UFOか、人工衛星か、流れ星か

兄はこう言った。

「そういえば、人工衛星が大気圏に突入し、五つに分解するのを見たことがある」と兄は言った。「印象深かったので日時も覚えている。二〇〇五年の十二月五日午後八時十分から十五分の間だ」

突然の「告白」に姉も私もあっけにとられた。兄によると、地球を周回する人工衛星が地球に落下するのをよく見ることがあるのだという。その日も杉並区にある自宅に帰ってきた際、自宅のちょうど真上の夜空に光が流れるのを見た。

兄は最初にその光を見たとき、花火かなと思ったという。そのスピードが非常にゆっくりだったからだ。しかし花火のように地上から上っていくのではなく、上空を横切るようにその光は動いていく。その間は五～十秒ぐらいだったと兄は言う。

そのとき突然、その光が二つに分かれ、さらに三つ、四つと分かれ、最後には五つに分かれて消えてしまったのだという。兄はこれ以外にもよく、何だかわからない光が空をよぎるのを見るのだという。特に二〇〇五年十二月の光をよく覚えていたのは、自分の家の真上で見えたことと、速度が非常にゆっくりで五つに分かれたからであった。

兄は、その光が人工衛星の落下に違いないと思い込んでいる。本当に人工衛星だったのか、それとも流れ星か、あるいはＵＦＯ？

兄は私が空で何か見なかったかと問うまで、その「人工衛星」と神社で見た「この世のものでないもの」を結びつけて考えたことは一度もなかったという。よく考えると、兄が神社で「この世のものでないもの」を見た年の十二月に「人工衛星」を見たわけである。夜空の光がもし何か関連のある兆しであるとしたら、秋山氏の説が俄然信憑性を増してくる。

しかし、人工衛星の可能性もあるし、流星であったかもしれない。とくに十二月といえば、ふたご座流星群が見える時期でもある。ふたご座流星群は、八月のペルセウス座流星群と並ぶ大流星群で、都会でも容易に観測できる。

天体観測に詳しい人によると、ごく稀に大きな隕石や大きな人工衛星が大気圏に突入した場合、摩擦の衝撃でいくつかの大きな塊に分解することがあるのだという。その物体が大きければ大きいほど長い時間に渡って観測ができる。

その十二月の「人工衛星」を含め、兄がよく見るという空の「光」については、もう少し吟味していく必要があるだろう。その新宿での会合では結局、兄が引き続き不思議な現象を空などで目撃しないか注意深く観察することになったのである。

今回の「事件」は、兄にとってはかなりの衝撃であったことは確かだ。五十年以上の人生で初めての体験。まさに異次元の世界を垣間見る出来事であったにちがいない。

おそらく異次元の宇宙は、私たちのすぐ目の前に浮かぶように存在しているのだろう。ダークマター（暗黒物質）、ダークエネルギー、オーブ、プラーナ、二次元の粒子群——。それらは皆、異次元世界の現象や存在である可能性があるのだ。

異次元の扉はちょっとしたきっかけで開き、「この世のものではないもの」が顔を出す。明日それを目撃するのは、きっとこの本を読んでいる「あなた」であるかもしれないのだ。

超常現象にどう対処するか

信じる信じないにかかわらず、ここで紹介した数々の事例はすべて実録である。その驚愕《きょうがく》の現象を目の前にしたとき、あなたに残された選択肢はどのようにその事実を認識し行動するかしかない。たとえば友達と数人で夜の海岸で星を見ていると、岬の向こう側にUFOらしきものが着陸、身長四メートルの巨大な宇宙人が出てきて、あなた方に日本語で話しかけた後、立ち去ったとしよう。そのとき、あなたはどう反応するだろうか。

ただの夢か悪い冗談に違いないと思って、すべて見なかったことにして家に帰って寝てしまうだろうか。脳が作り出した幻覚だと信じ込み、友達とただの笑い話にするだろうか。あるいは、真実を言っても誰も信じてくれないと思って、友達と家族の間だけの秘密にするだろうか。それとも、真実を伝える必要があると判断してメディアに向かって語るだろうか。

見なかったことにしてしまった人にも言い分はあるだろう。とにかく自分たちの知る常識の枠を飛び出ることが怖いのだ。そこで夢を見たことにしてしまう。あるいは、UFOは流れ星を見間違えただけだとか、巨大宇宙人は竹馬か何かに乗った人間が四メートルの宇宙人の着ぐるみを被っていただけなのだとか、何がなんでも彼らの「常識」の範囲内で説明しようと必死に試みるわけだ。こうした態度は、超常現象の否定論者に多い。

次に実在しないものを脳が作り出してしまったのだと主張する人たちの言い分を聞いてみよう。おそらく彼らは、自分の願望や思考や習慣がそうした幻影や錯覚を作り出すのだと主張するだろう。UFOを見たい見たいと思っているからカラスもUFOに見え、幽霊が怖いと思っているから柳も幽霊に見えるのだと。確かに目の錯覚はありうる説明だ。だがその錯覚を考慮してもなお、説明できない現象を何人もの人間がともに目撃しているケースが多々あるのである。自分が見えるものをそれほどまでに幻影だとして否定するなら、今見えている物質世界そのものも否定したほうがいいように思える。

一方、友達や家族の間だけの秘密にしてしまうという気持ちはよくわかる。世間には「科学的常識」や「科学的迷信」の狂信的な信奉者が溢れているからだ。もしあなたが宇宙人を見たなどと話そうものなら、狂人扱いされ、あなたの信用はすぐ地に堕《お》ちるだろう。だが見たものは見たのである。そこで彼らは、本当に信頼の置ける人にだけ真実を語ろうとする。彼らは、こちらが真摯に耳を傾けたときだけ、真実を語りだす。私はそうしたケースを何度も経験してきた。

そして最後に紹介するのは、勇気ある人々である。彼らは真実を伝えるという使命感から、たとえ自分の社会的地位が危うくなろうとも真実を公表する。国際気能法研究所の秋山眞人氏もその一人であろう。彼の体験談は信じられないような出来事の連続である。そのため一部から誹謗中傷されてきたことは私も知っている。それでもなお真実を語り続ける姿勢に、私はいつも感服させられるのである。

もちろんこうした驚愕の事実を前にしたときにどのような決断をするかは、個人の自由である。それぞれに言い分があり、守るべきものも違うのであろう。だが私はあえて、困難に陥っても真実を語ろうとする人々を応援したくなるのだ。そして今、社会的環境も彼らを応援する方向へと動いているように思うのである。

「常識」が作り上げた「科学的迷信」

私がいわゆる超常現象に興味を持ち、取材をしはじめてから、実に三十年近くになる。その間、数々の超能力者や霊能力者、最近ではスピリチュアルカウンセラーといった人たちに出会い、いろいろな話を聞いてきた。そこで切々と感じるのは、二十年前に比べて現在のほうが能力者を探すのは簡単になっているということだ。かつては「特異」とされ、めったに会うことができなかった特殊な能力を持つ人たちも、今はすぐそこに暮らしているお隣さんが能力者だったり、聞いてみれば長年付き合いのある知人が「実は私にもチャネリングの能力があるの」といった感じでカミングアウトしたりする時代になったような気がする。

それは、能力者の数が増えてきたことと関係があるのだろう。いや、もしかしたら潜在的な能力者は昔から多かったが、昔は社会（特にマスメディア）がそれを許さないという風潮が存在していたからかもしれない。だから彼らは当時「本当のことを言うと頭がおかしいと思われる」という理由で、黙して何も自分の能力のことを語らなかったのだ。

だが二十年という月日が経って、彼らに対する社会の見方は大きく変わりつつあるように思える。もちろんその過程の中には、オウム真理教の一連の事件によってオカルト的なものが排除される時期もあった。だが、そうした揺り戻しにもかかわらず、「特異」なものを「多様性」とみなし、「そんなのもありかな」とした考えが段々と、特に若者の間で広まってきているのではないだろうか。だからこそ彼らも安心して、今は自分の能力を公言できるのである。

しかしまだまだ、彼らが社会的に認知されるには時間がかかりそうでもある。彼らの前には、依然として「科学的迷信」や「科学的常識」のようなものが立ちはだかっているからだ。そうした「迷信」や「常識」を信奉する人たちの中には、すべてが脳の作り出す映像であるとする人もいる。だが、すべてを脳が作り出した映像であるとするには明らかに無理がある。また超常現象の否定派の中には、数ある現象のうち一部が人工的に作れることを根拠にして、すべての超常現象をありえないことにしてしまう人もいる。しかし、それはまったく短絡的な考えであり、論理的な公正さも欠いている。

オーブを例にとれば、確かに埃や雨粒をフラッシュ撮影すると、オーブに似たような光の玉が写る。だがそれをもってして、まるで鬼の首でも取ったかのように、すべてのオーブはニセモノであると論ずるのは、とても科学的とは言えない。むしろ野蛮ですらある。実際に埃でも雨粒でもない、フラッシュを焚かなくても写る「オーブ」は間違いなく存在するのだから。一つ一つのケースを吟味し、よく観察し、あらゆる可能性を考慮して、そして判断すべきなのである。

とにかく、すべての事象を注意深く観察することだ。その人間や現象が信頼できるのかどうか、を。偏見と妄信を可能なかぎり取り払ったうえで、自分の持ちうる英知と経験から判断するしか、真実にたどり着く道はない。しっかりと観察すれば、どの人間がウソを平気でつき、どの人間が信頼の置ける真摯な人間であるか、容易に判断できるはずだ。国益と称して、あるいは自分の利益や保身のために平気でウソをつく権力者や権威主義者を信じるのか。あるいは真実を目撃して、それを正直に話す身近な人たちを信じるのか。嘘つきを信じて、真摯に話す人を信じない理由とはいったい何なのか。

自分の常識と違うからと言って真摯な目撃者を非難、攻撃するのは、野蛮な異教徒の「迷信」だと称して、偉大なる人類の遺産であるエイヴベリーの巨石群を次々と破壊した蛮行と何ら変わらないではないか。真実を理解せず、迷信を作り上げたのは、自分たちであることに早急に気がつくべきである。

真実は語り継がれる

実は冒頭に掲げた四メートルの宇宙人に遭遇したという事例は、私が一九八七、八年ごろ、共同通信社浦和支局時代に電話で実際に取材した「実話」なのである。そのときの取材ノートをなくしてしまったので、細部で記憶違いはあるかもしれないが、覚えている範囲でその目撃談を紹介しよう。

場所は九州地方のある島（確か福岡県の志賀島《しかのしま》）。若い会社員のグループ三、四人が夜、海岸にいたところ、流れ星のように輝く球体状のものがゆっくりと岬の向こう側に消えるのを見た。彼らは最初、隕石が落下したのかと思って、落下したと思われる岬の向こう側まで見に行ったのである。ところがその場所で見たものは、何と身長四メートルはあろうかという巨人であった。さらに驚いたのは、彼らを見た巨人はこう言ったのだ。「われわれは、この星で言うならば学生のようなものである」

それは紛れもなく日本語であり、ただどことなく不自然で、機械のような抑揚だったという。巨人はそのままどこかに姿を消した。目撃した彼らはただただ、その場で茫然自失の状態で立ち尽くしていたという。

笑い話のようにも聞こえるこの話をしてくれた若者は、いたってまじめで、ウソをついている感じはまったくしなかった。その若者によると、その巨人は肩幅があって首がない、逆三角形のような形をしていたという。当時の私には宇宙人の分類などできようがなかったが、今なら、どうやら秋山氏の言う、「宇宙服」を着た巨人族のゲルではなかったかと思うのである。そのような姿の「宇宙人」は、サハラ・タッシリ高原の岸壁でも見つかっている。「白い巨人」や「大いなる火星神」と呼ばれる先史時代の巨大壁画である。北海道・フゴッペの洞窟にも、「白い巨人」に似た人物の絵が描かれている。

おそらく御伽噺《おとぎばなし》に出てくる浦島太郎も、そのような驚くべき体験をした一人であったのだろう。今でこそ「助けた亀に連れられて竜宮城に行った」ことになっているが、この浦島太郎の御伽噺が書かれた室町時代よりも遥かに前の奈良時代には、「浦島」は大空の彼方よりやって来た五色に輝く亀とともに、すばる（プレアデス）や雨降り星（アルデバラン）の人々に出会った物語として『丹後国風土記』に記されているのである。

しかし、一人の漁師が夜空に瞬く星の住人の歓待を受けたなどという話は当時の人たちにはまったく理解できなかったであろう。真実を語った「浦島」の物語は、当時の人にも理解できるように改竄《かいざん》され、亀に乗って海の底の竜宮城へ行ったことにされたのだと推察される。それでも「浦島」の語った真実の一部は、ちゃんと現在にも語り継がれたのである。

真実を語るものが続けば、やがてはこのウソや虚構に満ちた世界でも真実があふれ出すようになるかもしれない。そのとき初めて、私たちのすぐそばにある異次元世界の扉が大きく開け放たれ、その真の姿が明らかになるのだと信じている。

＊＊＊

この本を書くに当たっては、国際気能法研究所の秋山眞人氏をはじめ、私のパートナーの fu-rafuranさん、多くの友人、知人、家族、数々の取材先から多大な協力と応援をしていただいた。

彼らの協力なしには、この驚異の実録が完成することはなかった。ここに心からの感謝の意を表しておきたい。

二〇一〇年十月二十八日

布施泰和《ふせやすかず》

〈参考文献一覧〉

秋山眞人『秋山眞人の語り明かそう超能力』三交社、一九九〇年／秋山眞人『私は宇宙人と出会った』ごま書房、一九九七年／秋山眞人『潜在能力開発法』ごま書房、二〇〇〇年／秋山眞人・坂本貢一『優しい宇宙人』求龍堂、二〇〇〇年／秋山眞人『死後世界地図（日本編）』コスモトゥーワン、二〇〇六年／シモーヌ・ヴェズバール『ナスカの地上絵』植田覚監訳、恩蔵昇＋川崎通起訳、大陸書房、一九八七年／内田秀男『四次元世界の謎』大陸書房、一九七六年／内田秀男『続四次元世界の謎』大陸書房、一九七〇年／内田秀男『新四次元世界の謎』大陸書房、一九七二年／内田秀男『神秘の四次元世界』大陸書房、一九七四年／内田秀男『オーラ現象の一測定法について』日本ＰＳ学会雑誌創刊号別冊、一九七六年／大内義郷『神代秘史資料集成　解題』八幡書店、一九八四年／大谷宗司『超心理の世界』図書出版社、一九八五年／ミチオ・カク『パラレルワールド』斉藤隆央訳、ＮＨＫ出版、二〇〇六年／木内鶴彦『生き方は星空が教えてくれる』サンマーク出版、二〇〇三年／ブライアン・グリーン『エレガントな宇宙』林一・林大訳、草思社、二〇〇二年／酒井勝軍『太古日本のピラミッド』八幡書店、一九八二年／佐々木茂美『見えないものを科学する』サンマーク出版、一九九八年／佐治芳彦『謎の竹内文書』徳間書店、一九八二年／ジェーン・ストラザース『オーラを見る（入門）』服部由美訳、産調出版、二〇〇六年／杉本哲『初歩のトランジスターラジオの研究』山海堂、一九六二年／関英男『テレパシーを科学する』サンデー社、一九八六年／関英男『サイ科学の全貌』工作舎、一九八一年／竹内義宮編『神代の万国史』皇祖皇太神宮、一九八三年／エーリッヒ・フォン・デニケン『未来の記憶』松谷健二訳、角川書店、一九九七年／エーリッヒ・フォン・デニケン『太古の宇宙人』松谷健二訳、角川書店、一九七六年／天外伺朗『ここまで来た「あの世」の科学』祥伝社、二〇〇四年／天外伺朗『「超能力」と「気」の謎に挑む』講談社、二〇〇五年／天外伺朗『宇宙の根っこにつながる生き方』サンマーク文庫、二〇〇六年／ミカエル・ノストラダムス『諸世紀（ノストラダムス大予言原典）』ヘンリー・Ｃ・ロバーツ編、内田秀男監修、大乗和子訳、たま出版、一九八二年／レイモンド・バーナード『地球空洞説』小泉源太郎訳、大陸書房、一九七六年／グラハム・ハンコック『天の鏡　失われた文明を求めて』大地舜訳、翔泳社、一九九九年／半田広宣『２０１３：シリウス革命』たま出版、一九九九年／ケニス・ブレッヒャー、マイケル・ファイタグ編『古代人の宇宙』花野秀男訳、白揚社、一九八四年／

布施泰和『「竹内文書」の謎を解く』成甲書房、二〇〇三年／布施泰和『不思議な世界の歩き方』成甲書房、二〇〇五年／ジャン－ピエール・モエン『巨石文化の謎』藤持不三也監修、後藤淳一・南條郁子訳、創元社、二〇〇〇年／山田英春『巨石』早川書房、二〇〇六年／ディーン・ラディン『量子の宇宙でからみあう心たち』竹内薫監修、石川幹人訳、徳間書店、二〇〇七年／ジュリアン・リチャーズ『ストーンヘンジ』SR Translations, Noriko Clark訳、English Heritage、二〇〇五年／ブライアン・L・ワイス『前世療法』山川紘矢・亜希子訳、PHP文庫、二〇〇〇年／ブライアン・L・ワイス『魂の伴侶』山川紘矢・亜希子訳、PHP文庫、一九九九年／ブライアン・L・ワイス『「前世」からのメッセージ』山川紘矢・亜希子訳、PHP文庫、二〇〇四年

『Avebury』The National Trust／『日経サイエンス二〇〇八年八月号』日経サイエンス社／『ニュートン（Newton）別冊　銀河系の彼方へ』ニュートンプレス、一九九〇年／『ニュートン（Newton）別冊　4次元宇宙の謎』ニュートンプレス、二〇〇二年／『ニュートン（Newton）別冊　相対性理論と時空の科学』ニュートンプレス、二〇〇五年／『ニュートン（Newton）別冊　次元とは何か』ニュートンプレス、二〇〇八年／『ニュートン（Newton）二〇〇二年十二月号』ニュートンプレス／『ニュートン（Newton）二〇〇八年一月号』ニュートンプレス／『ニュートン（Newton）二〇〇八年七月号』ニュートンプレス／『ミステリーゾーンに挑む――ＵＦＯオカルト超能力のすべて』リーダースダイジェスト、一九八四年

◉著者について

布施泰和（ふせ やすかず）

ジャーナリスト。1958年東京生まれ。英国ケント大学留学を経て、国際基督教大学教養学部卒業。1982年に共同通信社に入り、富山支局在勤中の1984年、「日本のピラミッド」の存在をスクープ、巨石ブームの火付け役となる。その後、金融証券部、経済部記者などを経て1996年に退社して渡米。ハーバード大学ケネディ行政大学院とジョンズ・ホプキンズ大学高等国際問題研究大学院に学び、行政学修士号と国際公共政策学修士号をそれぞれ取得。専門は国際政治・経済とメディア論だが、世界の巨石遺構探査や古代史、精神世界など幅広い分野の取材・研究を続けている。

著書に『「竹内文書」の謎を解く』『不思議な世界の歩き方』『カストロが愛した女スパイ』（以上小社刊）、『ジョン・F・ケネディ暗殺の動機』（近代文芸社刊）がある。

今《いま》そこにある超《ちょう》リアル！

異次元《いじげん》ワールドとの遭遇《そうぐう》

●著者
布施泰和《ふせやすかず》

●発行日
初版第1刷　2010年11月30日

●発行者
田中亮介

●発行所
株式会社 成甲書房

郵便番号101-0051
東京都千代田区神田神保町1-42
振替00160-9-85784
電話03(3295)1687
E-MAIL　mail@seikoshobo.co.jp
URL　http://www.seikoshobo.co.jp

●印刷・製本
株式会社 シナノ

Printed in Japan, 2010
ISBN978-4-88086-270-5